LES GRANDS ÉCRIVAINS FRANÇAIS

BOSSUET

PAR

ALFRED RÉBELLIAU

BOSSUET

VOLUMES DE LA COLLECTION DÉJÀ PARUS

DANS L'ORDRE DE LA PUBLICATION

Victor Cousin, par M. Jules Simon.
Madame de Sévigné, par M. Gaston Boissier.
Montesquieu, par M. Albert Sorel.
George Sand, par M. E. Caro.
Turgot, par M. Léon Say.
Thiers, par M. P. de Rémusat.
D'Alembert, par M. Joseph Bertrand.
Vauvenargues, par M. Maurice Paléologue.
Madame de Staël, par M. Albert Sorel.
Théophile Gautier, par M. Maxime du Camp.
Bernardin de Saint-Pierre, par M. Arvède Barine.
Madame de La Fayette, par M. le comte d'Haussonville.
Mirabeau, par M. Edmond Rousse.
Rutebeuf, par M. Clédat.
Stendhal, par M. Édouard Rod.
Alfred de Vigny, par M. Maurice Paléologue.
Boileau, par M. G. Lanson.
Chateaubriand, par M. de Lescure.
Fénelon, par M. Paul Janet.
Saint-Simon, par M. Gaston Boissier.
Rabelais, par M. René Millet.
J.-J. Rousseau, par M. Arthur Chuquet.
Lesage, par M. Eugène Lintilhac.
Descartes, par M. Alfred Fouillée.
Victor Hugo, par M. Léopold Mabilleau.
Alfred de Musset, par M. Arvède Barine.
Joseph de Maistre, par M. Georges Cogordan.
Froissart, par Mme Mary Darmesteter.
Diderot, par M. Joseph Reinach.
Guizot, par M. A. Bardoux.
Montaigne, par M. Paul Stapfer.
La Rochefoucauld, par M. J. Bourdeau.
Lacordaire, par M. le comte d'Haussonville.
Royer-Collard, par M. E. Spuller.
La Fontaine, par M. Georges Lafenestre.
Malherbe, par M. le duc de Broglie.
Beaumarchais, par M. André Hallays.
Marivaux, par M. Gaston Deschamps.
Racine, par M. Gustave Larroumet.
Mérimée, par M. Augustin Filon.
Corneille, par M. Gustave Lanson.
Flaubert, par M. Émile Faguet.
Bossuet, par M. Alfred Rébelliau.
Pascal, par M. Émile Boutroux.
François Villon, par M. G. Paris.
Alexandre Dumas père, par M. Hippolyte Parigot.
André Chénier, par M. Em. Faguet.
La Bruyère, par M. Paul Morillot.
Fontenelle, par M. Laborde-Milaà.
Calvin, par M. Bossert.
Voltaire, par M. G. Lanson.
Molière, par M. G. Lafenestre.
Agrippa d'Aubigné, par M. S. Rocheblave.
Lamartine, par M. R. Doumic.

Chaque volume, avec un portrait en héliogravure. . . . . 2 fr.

1104-12. — Coulommiers. Imp. Paul BRODARD. — P9-12.

LES GRANDS ÉCRIVAINS FRANÇAIS

BOSSUET

PAR

ALFRED RÉBELLIAU

TROISIÈME ÉDITION, REVUE

PARIS
LIBRAIRIE HACHETTE ET Cie
79, BOULEVARD SAINT-GERMAIN, 79

1912

Bossuet
par Rigaud
(Musée des Offices à Florence)

BOSSUET

CHAPITRE I

LA FORMATION RELIGIEUSE DE BOSSUET ET SON CHRISTIANISME

Les admirateurs de Bossuet le représentaient jadis comme un génie presque miraculeux. On devait croire, à les entendre, qu'immuable et dominateur, il s'était imposé à la société de son temps, éblouie et docile, sans rien recevoir d'elle ; — bien plus, que dispensé des conditions normales de la nature, il s'était trouvé, tout d'abord, le grand homme qu'il fut. « Un Bossuet naît tout entier, » s'écriait, au XVIIIe siècle, le P. de Neuville.

Bossuet n'a pas été cet être d'exception. Il eut, tout comme un autre, son développement, son progrès, ses variations. Il se forma, tout comme un autre, en subissant l'influence du « moment » et du « milieu », et il se déforma aussi, sous la pression des hommes et des choses, tantôt poussant à l'extrême certaines tendances de sa nature, tantôt obligé d'en rabattre et de se replier. Il dépendit de son temps plus que son temps de lui.

A ce Bossuet magnifique, mais faux, qu'on nous

montrait autrefois, planté, si j'ose dire, au milieu du siècle de Louis XIV comme un marbre — d'autres disaient comme une borne, — il convient de substituer le Bossuet vrai, qui a changé, lutté, qui a vécu.

I

Il naît, en 1627, à Dijon, dans un moment du siècle où le sentiment religieux paraît avoir été très vif dans la bourgeoisie française. C'est alors que dut porter fruit la restauration catholique entreprise dès Henri IV par les Vincent de Paul, les Bourdoise, les Bérulle. Les missionnaires allaient, à travers les provinces pacifiées, regagnant à l'Église orthodoxe les croyants que la Réforme lui avait enlevés. En Bourgogne, où protestants et catholiques avaient été au XVIe siècle d'égale force, cette reprise de possession du catholicisme se manifesta sans doute par un réveil d'autant plus ardent. La famille de Bossuet se distinguait par sa ferveur. Un de ses oncles, une de ses tantes, son frère aîné, l'une de ses sœurs entrèrent en religion : son père lui-même, quand il fut veuf, prit les ordres mineurs et mourut diacre.

Dès l'instant de sa naissance, Jacques-Bénigne est consacré à Dieu. Ce jour-là, 27 septembre 1627, son aïeul copie sur le livre de famille un verset de la Bible où s'exprimait le vœu intime des parents pour le nouveau-né : *Circumduxit eum [Dominus] et docuit et custodivit quasi pupillam oculi* : « le Seigneur l'a conduit par la main, l'a enseigné, l'a préservé comme la prunelle de son œil. » Marguerite Bossuet voue son fils à la Vierge. A huit ans, l'enfant reçoit la tonsure, qui, si elle n'engageait à rien, supposait du moins, ainsi que le disait plus tard Bossuet lui-même, « des certificats en bonne forme de piété, modestie, fréquentation habituelle des sacrements ». Représentons-nous la maison du conseiller Bossuet comme une de ces familles où le cardinal de Bérulle se réjouissait de voir rétabli « l'esprit des temps antiques », comme une de ces « écoles de religion, » — célébrées longtemps après par Bossuet avec l'accent du ressouvenir, — où l'âme enfantine, « nourrie dans la piété », reçoit à tout propos la leçon chrétienne qui sanctifie le temps et transfigure la vie.

Vie laborieuse, du reste, et où la préoccupation du divin n'empêchait point l'esprit d'entreprise. Jusqu'au milieu du XVIe siècle, les ancêtres de Bossuet étaient drapiers à Seurre, une toute petite ville de Bourgogne. Mais ils s'élèvent hors de la boutique. Dès 1517, « honorable homme » Étienne Bossuet, au sortir des charges municipales, est anobli, et l'enseigne roturière du vieux logis des Bossuet sur la place de l'Estaple — un cep de vigne rugueux avec cette devise : *bois boussu est bon*, — se change en de légitimes armoiries portant d'azur à trois roues d'or. Bientôt les Bossuet prennent pied dans les carrières libérales. Désormais ils feront souche de parlementaires. Mais là encore, comme dans le négoce, ils percent. Jacques, grand-père de Bossuet, Claude, son oncle, deviennent maires; Bénigne, son père, échevin. Et lorsqu'en 1625 les Dijonnais durent maintenir par les voies de droit, contre le Parlement de Bourgogne, leurs privilèges municipaux, Bénigne est un des avocats qu'ils envoient à Paris. Champion bien choisi, ses lettres le prouvent : « Le courage me croît, écrivait-il, à mesure que le conflit approche et en voyant qu'il va falloir combattre ».

Un dernier trait à relever. Ces catholiques n'avaient pas été des ligueurs. Quand le duc de Mayenne essaya de soulever la Bourgogne, les Bossuet se rencontrèrent avec les Mochet, aïeux maternels de l'orateur, dans la partie fidèle du Parlement provincial. Ils ne changent point au XVIIe siècle. A la Fronde, Claude, maire de Dijon, s'emploie avec chaleur « pour que le mal de Paris ne se puisse glisser » dans sa ville. En 1659, c'est le frère aîné de Bossuet que l'on charge « de prendre dans la recette générale l'argent nécessaire » pour faire élire à la mairie de Dijon Marc-Antoine Millotet, un des agents les plus habiles du pouvoir royal sous Louis XIV. A Metz enfin, où le père de Bossuet était devenu conseiller, il est longtemps l'homme de Colbert, et les rapports de police ne lui reprochent qu'un excès de zèle. Toute la famille fut toujours de ce parti national, qui, en face de la féodalité agonisante et de l'esprit provincial, vivace mais impuissant, travaillait au triomphe de la monarchie absolue, comme seule capable d'assurer l'ordre et la paix[1].

II

Sur ce dernier point, au reste, l'autorité de la

1. Voir, pour la vie de Bossuet de 1627 à 1682, Floquet, *Études sur la vie de Bossuet*, et *Bossuet précepteur du Dauphin*.

tradition familiale put se corroborer chez Bossuet des impressions si vives, et d'ordinaire si déterminantes, de la petite enfance.

La Bourgogne était alors en pitoyable état : province frontière, province fertile, en proie depuis près d'un siècle aux premiers ravages tantôt des Espagnols voisins, tantôt des seigneurs insurgés. Aussi, en 1631, Dijon vit s'abattre sur elle les troupes affamées des vignerons d'alentour, armés de pieux, brûlant les maisons des bourgeois aux cris de « vive l'empereur! » — l'empereur d'Allemagne qu'ils appelaient. — Vraie jacquerie dont l'alarme fut si vive que Louis XIII accourut.

Bossuet avait trois ou quatre ans. Des visions d'anarchie s'ajoutaient aux germes de soumission qui étaient dans son sang. La première fois qu'il portera la parole dans une solennité universitaire, ce sera pour affirmer avec force son loyalisme par une harangue sur ce texte : « Craignez Dieu, honorez le roi ».

Quant à sa foi chrétienne et catholique, on a souvent rappelé de sa jeunesse un petit fait qui en atteste, dès quatorze ans, l'indestructible assise. Étudiant de seconde ou de rhétorique, une Bible lui tombe sous la main, dans le cabinet de son père ou de son oncle, — non pas chez les Jésuites ses maîtres, trop prudents pour permettre sitôt une lecture plus propre à troubler qu'à accroître la piété d'un adolescent. — Sur le jeune Bossuet l'effet est tout contraire. Il en reçoit une inexprimable « impression de joie et de lumière », — ce sont les termes dont il en parlait, longtemps après. — Évidemment il avait, déjà, lors de cette rencontre révélatrice, les yeux qui voient, derrière les textes obscurs, la sérénité consolante du sens mystique. Mais, dans cette solidité de foi, l'héritage accumulé des sentiments pieux de plusieurs générations successives était assurément pour beaucoup.

De même, il semble que se revèle, tout de suite, dans ses études d'écolier, cette activité courageuse, méthodique, assidue, que lui léguaient ses pères. Ce qui frappe ses camarades comme ses maitres, c'est une laboriosité infatigable : *bos suetus aratro*, disait-on de lui par plaisanterie. Et toutefois, — rapporte l'abbé Le Dieu, son secrétaire et biographe, — « dans une si grande application, il ne semblait faire que jouer ». Voilà déjà, ce semble, le fécond producteur qui, dans une vie de durée médiocre et de loisirs tant disputés, fera tenir, sans effort, une œuvre immense.

De très bonne heure enfin, se révèle en lui un talent spécial dont probablement les magistrats, parlementaires ou municipaux, qu'il eut pour ancêtres, avaient aussi possédé quelques parties : l'éloquence. Non pas l'éloquence, au sens le plus habituel alors du mot, l'éloquence plume en main, à la Balzac. C'est pour sa facilité d'improvisation qu'on produit Bossuet, dès seize ans, à l'hôtel de Rambouillet, pour voir si vraiment, « enfermé seul et *sans livres*, il pouvait composer sur une matière proposée un sermon qu'il réciterait aussitôt ». Après la compagnie de la Chambre bleue, ce sont des prédicateurs compétents qui constatent à leur tour cette fécondité spontanée; et l'exercice de la parole parait si nettement sa vocation que quelques-uns purent croire que s'il se mettait d'église, — ce à quoi la tonsure ne l'obligeait pas, — c'était pour faire valoir ce don si visible en lui.

Ainsi les premiers traits de caractère que la jeunesse de Bossuet manifeste sont bien aussi ceux qui se dégagent de l'histoire obscure de ses aïeux.

III

Ensuite, sur ces données, la conscience et la volonté travaillent. Et de cette secrète élaboration nous pouvons nous rendre compte, — en ce qui concerne du moins le développement religieux de Bossuet, — grâce à deux ou trois petits écrits, composés à l'issue de quelque retraite cléricale, et oubliés par lui au milieu des manuscrits de ses sermons.

L'un de ces écrits est sur la brièveté de la vie. Ce jeune homme de vingt-deux ans environ — un âge où « les plus sérieux », pour employer ses propres expressions, « sentant leur vigueur entière, attachent au présent toutes leurs pensées, » — songe, lui, à l'avenir, et il mesure et soupèse la vie. Qu'est-elle donc? Rien en somme, puisqu'elle a une fin. L'être ne vaut que s'il dure. Si du moins cette apparition de « mon personnage » sur la scène du monde se prolongeait suffisamment : mais quoi!

> Ma vie est de quatre-vingts ans tout au plus : ce petit intervalle n'est pas capable de me distinguer du néant.

Si, encore, de ce court espace de durée, je pouvait jouir avec plénitude : mais de ces quatre-vingts ans, « si j'ôte le sommeil, l'enfance, la maladie, les inquiétudes », qu'est-ce que je compterai ?

Le temps où j'ai eu quelque contentement ? où j'ai acquis quelque honneur ? Mais combien ce temps est-il clairsemé dans ma vie ! C'est comme des clous attachés dans quelque distance, sur une longue muraille : vous diriez que cela occupe bien de la place ; amassez-les : il n'y en a pas pour emplir la main. Et ces contentements, les ai-je eus autrement que par parcelles ? Les ai-je eus sans inquiétude, et, s'il y a eu de l'inquiétude, le donnerai-je au temps que j'estime ou à celui que je ne compte pas ? Et ne les ayant pas eus tout à la fois, les ai-je eus du moins tout de suite ? L'inquiétude ne s'est-elle pas toujours jetée à la traverse pour les empêcher de se toucher ?

Tout cela, dans une rapidité si fuyante et une ténuité si fragile qu'à grand'peine j'ai conscience que je suis : « Tout mon être tient à *un moment* : voilà ce qui me sépare du *rien* ».

Et peu de temps après qu'il avait, pour son propre compte, jeté sur le papier ces réflexions, Bossuet, en chaire, les plaçait dans la bouche de saint Bernard. Le portrait qu'il trace du saint du XIIe siècle, à la veille d'entrer dans la vie monastique, ressemble fort au Bossuet de 1648.

Le voyez-vous, chrétiens, comme il est rêveur et pensif ! De quelle sorte il fuit le grand monde, devenu extraordinairement amoureux du secret et de la solitude ! Là il s'entretient doucement de telles ou de semblables pensées : Bernard, Bernard, que prétends-tu dans le monde ? y vois-tu quelque chose qui te satisfasse ? Les fausses voluptés, après lesquelles les mortels ignorants courent d'une telle fureur, qu'ont-elles après tout qu'une illusion de peu de durée ? Sitôt que cette première ardeur, qui leur donne tout leur agrément, a été un peu ralentie par le temps, leurs plus violents sectateurs s'étonnent de s'être si fort travaillés pour rien.

Certes, quand à vingt ans un jeune homme perce avec si peu d'illusions la duperie de l'existence, s'il est conséquent avec lui-même, il finira chartreux. Mais c'est qu'ici intervient chez Bossuet une autre idée, celle de la « béatitude éternelle », du bonheur que réserve aux élus l'autre vie. Idée que, bien entendu, Bossuet n'invente point. C'est le pur catéchisme. Mais ce qui est de lui, c'est l'ardeur singulière dont il embrasse cette espérance orthodoxe, c'est la pénétration passionnée avec laquelle il cherche à la justifier à ses propres yeux, à s'en expliquer les causes, à en dégager les conséquences logiques. « Si Dieu est, il doit aimer l'homme. » De fait, toute la création nous le montre. « *Si les cieux se meuvent de ces mouvements éternels, si les choses inférieures se maintiennent par ces agitations réglées, si la nature fait voir dans les différentes saisons des propriétés si diverses, ce n'est que pour les élus de Dieu que tous ces ressorts se remuent.* » Et ce que crie la nature, le dogme le confirme, en son mystère essentiel, l'Incarnation, témoignage inconcevable d'une véritable « passion » de Dieu pour sa créature.

Mais du moment où la glorification du juste est le but de l'œuvre divine en ce monde, désirer cette récompense est le premier des devoirs comme des droits. L'aspiration au bonheur n'est pas seulement le couronnement facultatif de la piété : elle en est l'obligation élémentaire et stricte. Mais de là, aussi, la nécessité d'agir. Agir, c'est essayer de mériter la félicité offerte ; c'est accepter son rang et son rôle dans cette merveilleuse armée des êtres que Bossuet voit, si l'on peut dire, du point de vue de Dieu, s'élevant dans la joie vers le suprême désirable qui l'appelle. Agir, c'est contribuer à la réalisation du plan divin. Et voilà pourquoi si la tentation de la vie monastique s'est jamais présentée à l'esprit de Bossuet, il a dû la rejeter vite. Il le dit carrément, parlant à des religieuses : « La perfection de la vie chrétienne n'est pas de se jeter dans un cloître ». Quelque respectables que soient ces « prisons salutaires », cette vie, « la plus calme et la plus tranquille de toutes », n'est pas la plus belle.

Donc, quand la réflexion intervient, chez Bossuet, dans cette foi qui lui était pour ainsi dire infuse, c'est pour y opérer, tout de suite, avec sérénité, ce mélange de mysticisme et de sens pratique, non pas enchaînés illogiquement l'un à l'autre, mais dérivant au contraire l'un de l'autre, que l'on a souvent remarqué en lui, et qu'en effet toute sa vie va nous faire paraître. Et certainement encore, cette conception de l'activité, imposée au chrétien par sa ferveur même, atteste, elle aussi, l'influence de cette race de laborieux dont Bossuet est sorti.

IV

L'acceptation vaillante de l'action s'affirme tout de suite dans sa vie. Quand il sortait, en 1652, après de triomphants examens, du collège de Navarre, il n'eût tenu qu'à lui de rester à Paris. Sa famille l'avait pourvu, il est vrai, depuis sa petite enfance, d'un canonicat à Metz, mais on sait qu'au XVIIe siècle l'obligation de la résidence souffrait des exceptions qui, dans ce cas, n'auraient scandalisé personne. Les supérieurs de Bossuet désiraient vivement de le garder près d'eux. L'érudit Launoy, un de ses professeurs, l'exhortait à « se donner tout à l'étude ». Le grand maître de Navarre lui-même, Nicolas Cornet, qui méditait de restaurer son vieux collège, voyait dans ce brillant lauréat son successeur. Malgré tout, Bossuet, aussitôt docteur, partit pour Metz. Il y devait rester sept ans, jusqu'à la trente-deuxième année de son âge.

Il arrivait dans une ville dont l'état misérable pouvait lui rappeler Dijon. Les bandes espagnoles et lorraines dévastaient continuellement les environs. Pour cultiver quelques champs, il fallait acheter, très cher, de l'ennemi, des « sauvegardes » temporaires et précaires. Élu, dès son arrivée, député du chapitre dans l'assemblée municipale des Trois Ordres, le nouveau chanoine fut, de suite, désigné pour négocier une trêve de ce genre avec les agents de Condé, alors au service de l'Espagne. Au mois de septembre 1653, Bossuet partait de Metz pour les lignes ennemies, escorté d'un tambour. C'est ainsi qu'il entre dans l'histoire de son temps.

D'autres besognes très laïques devaient encore lui incomber : tantôt de faire inscrire au rôle des contributions les bourgeois qui s'y dérobaient, tantôt de surveiller la reconstruction d'une digue sur la Moselle et de vérifier des comptes d'entrepreneurs. Le P. de la Rue, dans son oraison funèbre, pouvait observer sans flatterie que l'archidiacre de Metz ne s'était pas borné « à la fonction des lévites occupés à chanter les louanges du Seigneur ».

En même temps, d'ailleurs, Bossuet s'acquitte largement des devoirs religieux de sa fonction. Il est directeur spirituel et supérieur de communautés. Ami et collaborateur de saint Vincent de Paul, il travaille à établir à Metz des conférences pour le clergé et un séminaire. Il dispute avec les rabbins juifs et les ministres protestants; il réfute dès 1654 le *Catéchisme de la Réforme* de l'un de ces derniers, Paul Ferry. Enfin il prêche infatigablement.

Tout cela, pourtant, ne l'empêche pas d'étudier. Il se nourrit de la Bible, et à tel point que déjà, dans ses sermons, il la cite le plus souvent de mémoire. Mais c'est surtout, alors, avec les Pères de l'Église primitive qu'il se rend familier. Parmi les docteurs scolastiques, il ne paraît guère fréquenter que saint Bernard. En quoi, sans doute, il suit la pente qui, au XVIIe siècle, porte la France ecclésiastique comme la France littéraire à dédaigner le moyen âge; mais le contact qu'il a déjà pris des protestants y est probablement aussi pour quelque chose. Il les entend vanter la doctrine des premiers siècles; à son tour, il reconnaît que « dans un seul livre des anciens Pères, on trouve plus de *cette pure substance de la religion*, plus de *cette sève du christianisme* que dans beaucoup des interprètes nouveaux ».

Dans les citations nombreuses dont sa prédication de ce temps est prodigue, presque tous les Pères défilent, jusqu'aux moins connus : saint Pacien, saint Eucher, saint Fulgence. Mais ce sont les Latins qui, de beaucoup, dominent. Et, parmi eux, deux surtout : Tertullien et saint Augustin. De Tertullien, il goûte les « belles sentences », les idées hardies, mais plus encore, sans doute, à en juger par sa jeune éloquence, la rhétorique éclatante du fougueux Africain. Quant à saint Augustin, c'est pour lui « l'aigle des Pères, l'admirable, l'incomparable, le merveilleux docteur » ; c'est « le plus grand théologien de l'Église ». Où il ne faut pas voir, du reste, à cette date, une sympathie janséniste : tout le clergé français d'alors saluait en saint Augustin un oracle ressuscité.

A cette école des Pères, et spécialement de Tertullien et de saint Augustin, qu'est-ce que gagne la pensée de Bossuet? On l'aperçoit, ce me semble, clairement, dans ces sermons de 1653 à 1657, qui sont comme les révélations involontaires de l'histoire intime d'une conscience religieuse en train de s'achever. Ce qu'apprend Bossuet alors, c'est à trouver tout dans le christianisme.

Or ce n'est pas si commun, prenons-y garde, même chez les plus croyants, en tout temps et en tout pays. Rares sont les « fidèles » complets, si je puis dire, qui croient que leur foi doit leur suffire à tout, qu'elle a en soi assez de ressources et de fécondité pour les guider dans tous les ordres de la pensée et de l'action. Rares en France toujours, par suite d'une insuffisance foncière de sens mystique, mais spécialement à l'époque où Bossuet arrivait à l'âge d'homme. Ce moment du XVIIe siècle est le triomphe de la Renaissance. En littérature, c'est notoire. Non seulement les laïques les plus pieux, mais les ecclésiastiques les plus austères, quand ils font œuvre de beaux esprits, redeviennent païens sans scrupule. Et Boileau allait, bientôt, dans son *Art poétique*, proclamer l'incompatibilité de la poésie et du christianisme. En philosophie, tout de même. Sans parler de ce courant de morale stoïcienne qui depuis la fin du XVIe siècle se continuait d'une façon assez forte pour que Pascal et Malebranche vissent encore dans Sénèque et dans Épictète les deux plus puissants ennemis de la religion, c'est de 1650 à 1660 que le cartésianisme commence à se répandre dans le clergé, dans les ordres religieux, dans l'Oratoire surtout. Grande devait être la tentation pour de jeunes esprits, et cultivés, d'accueillir des idées si imposantes par leur hauteur, si satisfaisantes par leur enchaînement, et de les superposer, ou même de les mêler à leur foi. Le P. Mersenne proclamait impossible d'être « augustinien » sans être, du même coup, cartésien, et il se trouvait jusqu'à des jésuites pour saluer avec enthousiasme cette nouvelle alliance entre la foi et la raison.

De cette alliance, Bossuet, à cette heure, ne veut pas. Il est impossible de le déclarer plus vigoureusement qu'il ne le fait dans un sermon de cette époque — sur la *Loi de Dieu*, — sermon qui est un véritable traité de la conduite. Un chrétien raisonnable n'a nul besoin de philosopher. Non pas seulement parce que la vie est trop courte, mais, surtout, parce que la philosophie est si vaine! Plein de ce Tertullien, qui avait défini le philosophe « un animal de gloire » ; de cet Augustin, qui racheta par ses outrages contre la philosophie l'engouement qu'il avait eu d'abord pour elle, Bossuet à son tour s'attarde, s'exalte à la discréditer :

O pauvre philosophie, comment puis-je me fier à toi ? Que vois-je dans tes écoles ? On y forme des doutes, mais on n'y prononce point de décisions... Que l'on me mette au milieu d'une assemblée de philosophes un homme ignorant de ce qu'il aurait à faire en ce monde; ... est-ce que ce pauvre homme se résoudra? Laissez votre Platon avec sa divine éloquence, laissez votre Aristote avec cette subtilité de raisonnement, laissez votre Sénèque avec ses superbes opinions, — dangereux empiriques, qui pour endormir le mal ne font qu'envenimer la plaie.

Et, sa colère croissant, c'est la Philosophie tout entière que le jeune prêtre, plus outré encore que Pascal en son ironie hautaine, peint, sous les traits burlesques d'un misérable charlatan, dont « les belles boîtes, étalées en grande pompe, ne renferment qu'un baume falsifié ». Cependant « il s'agit du principe même de la conduite, *sur lequel*, — affirme Bossuet avec la simplicité énergique d'un homme d'action, — *il faut être résolu d'abord* ». Heureusement que le Christianisme est là, avec ses enseignements très nets : « Notre excellent Maître a déterminé toutes choses. *Le chrétien n'a rien à chercher.* »

Ce que sa religion lui fournit aussi, c'est l'intelligence du passé, c'est la clef de l'histoire.

Quand les anciens Pères — et principalement les deux guides habituels de Bossuet, saint Augustin et Tertullien — argumentaient contre les Juifs, les païens ou les hérétiques, ils n'avaient rien de plus à cœur que de faire éclater l'accord entre l'Ancien et le Nouveau Testament. De cet argument apologétique, Bossuet se pénètre autant qu'il est possible. Avec eux, d'après eux, il se complaît en chaire à noter, entre les prophéties de l'ancienne Loi et les faits ou les enseignements de l'Évangile, mille correspondances, qui « cadrent et s'ajustent si proprement » qu'il s'en émerveille :

.... Lisez les Écritures divines, vous verrez partout le Sauveur Jésus.... Il n'y a page où on ne le trouve...

Or que s'ensuit-il? Si Dieu a voulu que tous les faits, même les moindres, de l'histoire d'Israël fussent des préparations ou des annonces de l'avènement du Christ, n'a-t-il pas dû ordonner, dans l'antiquité, en vue de ce grand objet, l'histoire des peuples qui devaient remplacer Israël infidèle? Et dans les temps modernes aussi, n'est-il pas vraisemblable que cette « divine tissure » se continue avec la même exactitude; que cette attention de Dieu à tout rapporter au maintien et au triomphe de son Église se poursuit, aussi méticuleuse?

Mais de ce raisonnement de Bossuet, tout ce qui devait sortir, on le voit. D'abord, cette philosophie de l'histoire universelle, étroite, mais imposante, dont les *Oraisons funèbres* et le *Discours sur l'histoire universelle* offrent tant de magnifiques formules; cette adhésion, si vive chez Bossuet, au dogme d'une Providence[1] « à l'œil toujours veillant », qui gouverne minutieusement « tous les mouvements » du monde. Puis de cette conception, très fortement embrassée par lui, du lien des deux Testaments, d'autres idées encore et d'autres sentiments devaient naître tôt ou tard : — un respect, qui finira par tomber dans la superstition, pour ces textes de la Bible où l'on doit voir autant de prophéties; — une adhésion à l'idée de la perpétuité de la foi si docile et si entière

1. Voir F. Brunetière, *Études critiques sur l'histoire de la Littérature française*, t. V; et sur la théologie de Bossuet : l'abbé Turmel, *Revue du Clergé français*, 1904. — Cf. aussi *Revue bleue*, 28 oct. et 4 nov. 1911

qu'elle n'admettra la possibilité d'aucune variation ; — enfin cette espèce de gageure de découvrir dans les récits de l'histoire sainte les règles des modernes sociétés chrétiennes. Aissi les germes de presque toutes les grandes œuvres de Bossuet — *Histoire des variations*, *Politique tirée de l'Écriture sainte*, *Défense de la Tradition et des Saints Pères* — sont éclos en son esprit dans ces années de Metz où le commerce assidu des Pères de l'Église ancienne lui enseigne à tout faire sortir des données de la foi. Dès ces sermons de jeunesse, où sonne l'émotion charmée d'une conviction qui sent sa lumière et sa force croître, sa philosophie se dessine. Elle est de 1653 déjà, cette exclamation enthousiaste : « Grand Dieu ! je reconnais vos secrets », qui pourrait servir d'épigraphe aux ouvrages les plus impérieux de sa maturité.

Et cette philosophie sera très différente, sans doute, de celle de la pensée libre, en quête. Elle sera la réflexion de la raison soumise, en possession. Elle ne voudra que développer sa foi, la défendre, en dépendre. Mais elle est de la pensée tout de même. Si Bossuet s'emprisonne dans l'enceinte du dogme, il ne s'y endort pas ; il s'évertue d'une part à pénétrer les liaisons du système chrétien, à plaider les raisons de Dieu devant la raison du siècle, qu'il sait exigeante ; — d'autre part à expliquer, le miracle chrétien supposé, ce qu'a été l'histoire de l'humanité, et ce qu'elle doit être, ce que doit être la cité du Christ. Seulement, — et ici les premiers sentiments de Bossuet éclairent toute son activité future, en ses diverses attitudes, — il fera son office d'apologiste ou de controversiste autrement que d'autres, chrétiens aussi pourtant, l'ont fait. L'édifice qui l'abrite, il s'abstiendra d'en creuser les fondements, surtout historiques ; longtemps il n'aura même pas l'idée qu'on le puisse. Il n'éprouvera pas la curiosité hardie, qui du reste vient souvent d'une soumission inconsciemment incomplète, secrètement mécontente. — Bossuet, lui, est trop satisfait de son domicile intellectuel accepté, il triomphe trop joyeusement de l'excellence utile des données des Livres saints et de l'œuvre cohérente de l'Église pour se lancer dans des commentaires, qui, avec les intentions les meilleures, risqueraient d'être « subjectifs » et indiscrets.

Philosophie de croyant, donc, et par conséquent, limitée, et qui l'est plus encore, parce qu'elle l'est de gaîté de cœur, parce que, chez lui, même à l'âge du doute, la foi n'a jamais été inquiétude, mais toujours paix dévote... Qui veut comprendre l'évêque de Meaux, « Père de l'Église », docteur serein vers 1680, docteur irrité vers 1700, je prie qu'il n'oublie pas le lévite de Metz.

En 1659, arrivant dans ce Paris où la pensée catholique, — sous la poussée bruyante des disciples de Saint-Cyran, sous la poussée latente des disciples de Descartes — fermentait, il n'eut point de hâte de publier dans des écrits exprès ses conceptions. Il se contenta de faire son métier. Il prêche. A cet emploi il consacre dix-huit ans.

CHAPITRE II

L'ORATEUR

A quel point Bossuet était fait pour la parole publique, les manuscrits, qui subsistent, d'un très grand nombre de ses sermons nous permettent d'en juger. Non pas que ces feuilles précieuses, religieusement étudiées de nos jours [1], nous apprennent à la lettre ce que Bossuet a dit dans la chaire. Ce ne sont pas des transcriptions faites par lui ou pour lui, après le discours prononcé; ce sont les rédactions préparatoires qu'il s'astreignit à écrire, pendant la plus grande partie de sa vie, avant de prendre la parole. Puis, quelque développées qu'elles soient, quelque souci qui s'y révèle non seulement du fond, mais de la forme, elles n'étaient pas faites pour être apprises par cœur. Bossuet ne récitait pas. C'est même pourquoi ses manuscrits sont si confus. Se réservant de suivre ce qu'il appelait « son mouve-

1. Lire l'excellent livre de Gandar, *Bossuet orateur*, et son *Choix de Sermons de la jeunesse de Bossuet*; *Œuvres oratoires de Bossuet*, publiées par l'abbé Lebarq, et les textes nouveaux publiés par l'abbé Levesque dans la *Revue Bossuet* et ses suppléments (1900-1911).

ment sur son auditoire », de s'y « abandonner » au besoin, il jette sur le papier plusieurs idées, plusieurs expressions, sans choisir : il choisira en chaire, selon l'occurrence, je veux dire selon ces questions muettes que sait entendre, à travers l'air, l'oreille des orateurs véritables.

Mais précisément ces rédactions de la veille sont plus instructives que les rédactions du lendemain, où l'on peut toujours craindre les repentirs de la coquetterie littéraire. Ces brouillons, où l'indication elliptique d'additions que Bossuet projette se mêle à celle des retranchements qu'il prévoit, nous montrent de la façon la plus saisissante l'éloquent par excellence que Bossuet fut.

Il a tout ou presque tout de l'orateur idéal. Il en a l'abondance, cette abondance si nécessaire, quoi qu'en aient dit les attiques de tous les temps, à une parole jalouse d'agir. Il faut développer l'idée si l'on veut qu'elle circonvienne l'esprit; la répéter, pour qu'elle y entre. « Les choses ont besoin d'être méditées : tâchons, dit Bossuet, de les rendre sensibles en les étendant davantage. »

Pour les « rendre sensibles » il ne se borne pas, du reste, à les « étendre ». Il les vivifie. Le poète qui est en lui s'affirme dans ces sermons de sa jeunesse par une langue riche en mots colorés, en vocables pleins et sonores qui mettent plus de réalité dans l'idée, par des comparaisons familières, à la François de Sales, qui se piquent dans la mémoire. La bonne volonté du chrétien faible et indécis, c'est « une flamme errante et volage qui ne prend pas à sa matière, mais qui court légèrement par-dessus ».

Souvent, au lieu d'une métaphore rapide, c'est un petit tableau. Jetez une pierre dans un étang : « vous voyez se former sur la surface de l'eau des ronds petits d'abord, plus grands ensuite, et enfin tout l'étang est agité... » : ainsi les médisances, en passant d'une bouche à l'autre, se grossissent, si bien que « le médisant ne reconnaît plus » lui-même « son propre ouvrage ». Toujours chez Bossuet l'imagination donne aux arguments abstraits le corps tangible que réclame, pour s'y prendre au vol de la parole, l'intellect populaire.

Mais d'éminemment oratoire, ce qu'il a surtout, c'est le besoin de se mettre et de se tenir en contact avec son public. Ce besoin-là, tant qu'on ne l'éprouve pas, tant qu'on se résigne à lancer, de haut, sur des auditeurs lointains une parole insoucieuse de son effet immédiat, on n'est qu'un écrivain qui parle ; on ne sait pas le secret souverain, que Platon célébrait, de cette « parole vivante » si fort au-dessus du « livre mort ». L'ambition qu'a Bossuet de supprimer entre lui et ceux qui l'écoutent une distance qui le glace éclate dans ces appels qu'il leur adresse, multipliés, variés avec une sollicitude ingénieuse. Arrive-t-on à une idée dure à comprendre ? Il avertit et réveille l'attention :

Prêtez l'oreille, chrétiens ! Cette doctrine est digne de votre audience.... Retenez ceci, parce que tout ce discours n'a qu'une même suite et toutes les parties s'entretiennent.

Ou bien, aux passages délicats, il pique l'amour-propre des fidèles en les faisant collaborer à la solution du problème :

J'ai une autre question à vous faire. D'où vient, *à votre*

avis, que notre Seigneur attend cette heure dernière pour nous donner à Marie comme ses enfants? *Vous me direz peut-être* qu'il a pitié d'une mère désolée.... *Cette raison est bonne et solide*, mais j'en ai une autre à vous dire que *peut-être vous ne désapprouverez pas*. Je pense que le dessein du Fils de Dieu est de lui inspirer pour nous dans cette rencontre une tendresse de mère. — *Comment cela? direz-vous.* Nous ne voyons pas bien cette conséquence. — Il me semble pourtant, chrétiens, qu'elle n'est pas extrêmement éloignée....

Ailleurs, c'est une idée capitale qu'il tient à signaler, fût-ce par une apostrophe un peu voyante : « Démentez-moi, si je ne dis pas la vérité! — Si cela n'est pas vrai, il faut brûler toutes les Écritures! » Il prévoit d'ailleurs la résistance : « Cela vous étonne, n'est-ce pas? Je m'y attendais bien. » Et il va au-devant de l'objection, disons mieux, au-devant de « l'auditeur », « son cher auditeur », qu'il prend à partie. Que ne peut-il même « aller démêler dans la foule l'âme malade et indécise et lui dire à l'oreille » les paroles qu'il faudrait pour elle seule? Combien il voudrait « faire croire à chacun » que c'est lui personnellement que tout le discours vise! D'où ces dialogues fictifs, qui sont chez lui non point le vieux procédé de rhétorique, mais le geste naturel de son élan vers l'adversaire, la marque de son besoin de lutter avec lui corps à corps :

Il faut, ô pécheur, que j'entre avec toi dans une discussion plus exacte. Tu me dis que les Juifs n'ont pas connu le Sauveur. Et toi? Penses-tu le connaître? Tu l'appelles ton maître et ton Seigneur : oui, de bouche! Tu te moques de lui. Il faudrait le dire de cœur. Et comment est-ce que le cœur parle? Par les œuvres. Voilà son langage.... Au reste, ce cœur, tu n'as garde de le lui donner. Tu ne le peux pas. Tu dis toi-même qu'il est engagé ailleurs, dans des liens que tu appelles bien doux. Insensé qui trouves doux ce qui te sépare de ton Dieu! Et après cela, tu penses connaitre son Fils? Non, non, tu ne le connais pas.

Et l'on voit quel effet résulte de cette passion qu'a Bossuet d'atteindre et d'étreindre ses auditeurs. Il a été répété, combien de fois! — et autant que par ses ennemis, par ses admirateurs, — que nul prêtre n'eut plus que lui la conviction de son autorité sacerdotale; que, quand il prêche, il tonne; que la parole impérieuse de ce plénipotentiaire altier de la Sagesse infinie rappelait toujours le Joad de Racine :

Cieux, écoutez ma voix; terre, prête l'oreille....

C'est le contraire même de la vérité. Je ne sais si l'on trouverait dans les sermons une seule parole qui marque ce prétendu orgueil d'un « pontife de l'ancienne Loi ». En revanche, ce que l'on y trouve, et fréquemment, c'est une sorte de déférence prévenante et toute modeste pour les hommes qui l'écoutent. Il leur parle en ami. Il les associe à son dessein, à ses appréhensions; il leur expose, leur soumet sa méthode; il s'excuse de son insuffisance :

Je m'aperçois que je m'arrête peut-être trop à des choses qui sont très connues. — Tout ceci est peut-être confus : il faut le proposer plus distinctement. Je ne sais si je me trompe, fidèles, mais il me semble que ces observations sur l'histoire de notre Seigneur ne doivent pas vous déplaire.

Et ceci, dans le panégyrique de saint Bernard :

« Je vous laisse sur cette pensée; je me sens trop faible et trop languissant pour vous en représenter l'importance. »

Le ton de l'homélie se maintient, jusque dans ces discours d'apparat qu'étaient alors les éloges des saints.

Parfois même, sa confidence se fait encore plus hardie, et plus intime. Ce ne sont plus alors ses scrupules de composition dont Bossuet fait part à ses auditeurs : ce sont ses préoccupations personnelles. Tantôt — dans tout ce curieux sermon de 1653 (ou 1656) sur *la Loi de Dieu*, — il n'hésite pas à exprimer, sans la moindre peur de paraître naïf, les étonnements de sa jeune âme à la vue de la mêlée tumultueuse du « siècle ». Tantôt — dans un sermon de 1652 sur *la Conception de la Vierge*, — il fait à ses auditeurs une confession véritable :

Mes frères bien-aimés, écoutez le narré de ma maladie. Ai-je pris jamais une généreuse résolution que l'effet n'ait démentie bientôt? Ai-je jamais eu une bonne pensée qui n'ait été contrariée par quelque mauvais désir? Il s'y mêle presque toujours tant d'autres péchés inconnus, qui se cachent dans les replis de ma conscience, abîme sans fond, impénétrable à moi-même! Quand j'entends quelquefois discourir des mystères du royaume de Dieu, je sens mon âme comme échauffée; je ne conçois que de grands desseins; il me semble que je ferai de grandes merveilles; mais je sens aussi comme un poids de cupidités opposées qui m'entraînent et me captivent.

Ailleurs enfin, et plus d'une fois, il avoue l'effroi de sa raison, troublée des énigmes du dogme :

Frères bien-aimés, je l'avoue, je frémis dans cette discussion. Je ne sais que dire. Je n'ai point de raisons à vous alléguer.

Mais aussi lorsque ces abîmes s'éclairent à ses yeux, alors, avec la même ingénuité qu'il dévoilait ses inquiétudes, il chante sa sérénité et sa joie recouvrée :

Quand je considère en moi-même l'éternelle félicité que notre Dieu nous a préparée,... mon âme est ravie, chrétiens, de l'espérance d'un si beau spectacle, et je ne puis que je ne m'écrie avec le Prophète : Que vos tabernacles sont beaux, ô Dieu des armées! Mon cœur languit et soupire après la maison du Seigneur.

De cette ambition d'efficacité, assez forte chez Bossuet pour arracher ainsi à la pudeur d'un sévère chrétien d'autrefois des expansions insolites, viennent aussi quelques-uns des défauts de ces premiers sermons. Défauts, le mot convient bien mal : c'est excès qu'il faudrait dire. Excès d'idées : — il ne sait pas choisir entre les matériaux que lui fournissent en abondance ses réflexions et ses lectures. Il ne parvient ni à sortir de son sujet, ni quelquefois même à y entrer. L'exorde du panégyrique de saint Bernard tient sept grandes pages, au bout desquelles Bossuet déclare qu'il n'a pas encore commencé.

Excès de dialectique. — L'étudiant de la veille s'aperçoit. C'est la grande tentation des jeunes prédicateurs, de faire étinceler aux yeux des fidèles cette merveilleuse arme de preuve — l'argumentation syllogistique, — dont on les a munis à l'École. Bossuet y cède. Il vante ses « propositions infaillibles », ses « invincibles raisonnements », dont il fait saillir l'armature par des *Donc* et des *C'est pourquoi* qui sentent les *Ergo* des joutes scolastiques. Il annonce et déduit pesamment ses divisions ; « la première tirée des..., la seconde de... ». Il n'avance qu'escorté de textes.

Excès de couleurs, enfin. — Non pas qu'il y ait, à les compter, trop d'images; mais, d'abord, il y en a d'étranges, d'outrées. Comme c'est par les passions que « l'âme se remue », il appelle les passions « les pas de l'âme ». Et parce que le Christ intercesseur est nommé, par les Saints Pères, la « clef » de la miséricorde divine, Bossuet n'hésitera pas à parler des « coffres du Père Éternel ». Puis c'est une insistance provocante sur des choses laides ou pénibles. Tel, le tableau du supplice de saint Gorgon, brûlé vif : Bossuet montre le « corps rôti », les « exhalaisons infectes », la « graisse » qui fond. Et sans doute dans ce réalisme — encouragé du reste par le commerce des Pères de l'Église ancienne, de Tertullien par exemple, — ce qui éclate surtout, c'est cette nature de poète qui subsistera, chez Bossuet, jusqu'au bout; c'est cette imagination très sensible où les objets se peignent sincèrement avec leur relief et leur couleur. Toutefois si Bossuet s'y abandonne, s'il ne craint pas de paraître l'élève attardé de ces orateurs fleuris ou triviaux du règne de Henri IV, que déjà l'éloquence plus sévère des Balzac et des Coeffeteau avait discrédités, ce n'est point faiblesse de bel esprit artiste. Il frappe fort, pour frapper. Ces excès, ces subtilités, ces violences, sont les erreurs de son zèle militant.

Ces erreurs devaient se dissiper bientôt. En premier lieu, sous une influence dont sa vie morale nous offrira d'autres traces, sous l'influence du saint homme qui fut, avec Bérulle et Olier, le grand éducateur du clergé de France au XVIIe siècle. Bossuet, tout jeune, avait vu saint Vincent de Paul à Saint-

Lazare, où il était allé, comme alors la plupart des aspirants à la prêtrise, faire retraite. Plus tard, devenu membre de cette « société des mardis » où M. Vincent réunissait une élite d'ecclésiastiques, il l'avait entendu leur recommander « avec supplication », tout comme aux missionnaires de campagne, la « bassesse », la « mortification » indispensables, selon lui, à la parole chrétienne. Enfin, dans une mission, à Metz, en 1658, Bossuet venait de constater le fruit de cette « manière humble, solide et claire ».

Édifié, il voulut s'y plier. C'est alors qu'il délaisse un peu Tertullien pour saint Jean Chrysostome, dont l'éloquence familière « ramène » le discours « à la capacité du peuple ». De 1658 à 1660, ses sermons manifestent une réaction contre la rhétorique. A cette date, du reste, Bossuet proclame son idéal : c'est ce grand apôtre Paul, qui dédaigne de « flatter les oreilles par des cadences harmonieuses ou les esprits par de vaines curiosités », qui jette en défi aux délicats du monde « la dureté d'un style irrégulier ».

Héroïques maximes, mais qu'en 1660 il n'était guère le moment d'appliquer. Fallait-il que la chaire seule se dérobât à ce mot d'ordre, alors unanimement reçu et suivi, de politesse et d'élégance? C'eût été périlleux. Vaugelas observait qu'un mot mal choisi suffit à « décrier » un « prédicateur ». Mme de Sévigné ne plaisante qu'à moitié quand elle se demande « comment on peut aimer Dieu quand on n'en entend jamais bien parler ». Et les mondains n'étaient pas seuls à penser ainsi. La mère Angélique elle-même se félicitait que M. Singlin consentît à ajouter quelque grâce à la triste solidité de son style. Et le judicieux Fromentières, un des plus honorables représentants de l'éloquence sacrée sous Louis XIV, n'hésitait pas à déclarer hautement qu' « un prédicateur est obligé de se rendre agréable autant qu'il faut pour être utile ».

C'était la sagesse. Bossuet, une fois installé définitivement à Paris en 1659, fréquentant chez les savants, peut-être même, grâce à ses relations de famille, dans le grand monde, s'en rend bien compte. Rejetant le rêve inopportun d'un retour à la « nudité » des temps primitifs, dès 1661, dans le sermon sur *la Parole de Dieu*, il ne bannit plus l'éloquence : il lui fait sa part et revendique pour l'orateur le droit de « cueillir quand il les rencontre en passant » quelques ornements.

Toutefois il ne poussera point la complaisance pour le public jusqu'à en flatter les manies. Il ne rivalisera pas en chaire avec Patru, Bouhours, ni même avec Fléchier; il ne donnera pas dans ce style ingénieux et brillant contre lequel, trente ans plus tard, La Bruyère et Fénelon estimeront une nouvelle croisade nécessaire. La vision qu'a eue Bossuet, admirateur et disciple de saint Vincent de Paul, d'un idéal de simplicité ne tua pas en lui l'orateur, mais elle le régla heureusement à cette heure de la vie où la luxuriance fougueuse de la jeunesse cesse d'avoir sa raison d'être et sa grâce.

Puis, à ce frein d'ordre mystique, vint se joindre la règle littéraire. De 1660 à 1670, c'est l'époque où le bon goût classique, avec Pascal, La Rochefoucauld, Molière, Boileau, établit son empire. Bossuet, devenu membre de cette cité littéraire où un si bel ordre règne, en accepte la discipline avec cette docilité intelligente dont nous verrons chez lui d'autres preuves. La charpente de ses discours devient plus simple à la fois et plus élégante. Les échafaudages du raisonnement et les saillies des poutres maîtresses n'embarrassent plus la façade nettoyée. La métaphore discrète, qui se contente d'évoquer l'image et qui glisse, remplace la comparaison insistante, désormais réservée pour les grands coups, pour les conclusions décisives ou pour les entrées en matière imposantes. Et c'est dans le plus petit détail du style (les variantes des manuscrits, de 1661 à 1670, le prouvent) que se marque cette volonté de correction, de décence, de mesure.

Même, que Bossuet ne pousse pas un peu trop loin le purisme et le souci de la noblesse, nous sommes parfois tentés de le trouver. Quand on compare les Passions qu'il a successivement prêchées; — quand on voit s'effacer, les unes après les autres, sous la sévérité de ses scrupules, les touches dont il avait peint, dans ses premiers tableaux, le Jésus du prétoire et du calvaire, « ce misérable, ce pendu, ce ver de terre », spectacle horrible et presque dégoûtant d'humiliation et de douleur, les « crachats » de la « canaille », que reçoit « sans qu'il souffle » sa face « droite et immobile », et, « sous la grêle des coups de fouet,... » sa « pauvre chair suante et écorchée », — on a regret à ces couleurs énergiques qu'il sacrifie, et notre goût moderne, indulgent aux témérités réalistes, ne voit pas sans quelque déplaisir cette transformation d'un Rembrandt en un Le Brun. Pourtant, c'était bien un progrès. Si piquant qu'il soit d'entendre un homme du XVIIe siècle, dans un discours de sa jeunesse, nommer, crânement, par leur nom la « pourriture » et les « vers » du tombeau, il y a cependant sur le même sujet une page de lui autrement belle :

La voilà, malgré ce grand cœur, cette princesse si admirée et si chérie! La voilà, telle que la mort nous l'a faite. Encore ce reste, tel quel, va-t-il disparaître.... Elle va descendre à ces sombres lieux, à ces demeures souterraines, pour y dormir dans la poussière.... Mais ici notre imagination nous abuse encore. La mort ne nous laisse pas assez de corps pour occuper quelque place; et on ne voit là que les tombeaux, qui fassent quelque figure. Notre chair change bientôt de nature; notre corps prend un autre nom; même celui de cadavre, dit Tertullien, parce qu'il nous montre encore quelque forme humaine, ne lui demeure pas longtemps; il devient un je ne sais quoi qui n'a plus de nom dans aucune langue; tant il est vrai que tout meurt en lui, jusqu'à ces termes funèbres par lesquels on exprimait ses malheureux restes.

Voilà la « hardiesse réglée », que Bossuet admire quelque part. Et cette force contenue est aussi l'habileté suprême. Car ces réticences pudiques, tout en ménageant l'émotion, la redoublent, et la réalité étalée serait moins effrayante qu'elle ne l'est, entr'aperçue, sous ces voiles ramenés.

CHAPITRE III

LA MORALE DANS LA PRÉDICATION DE BOSSUET

La tâche était belle pour un prédicateur chrétien débutant à Paris en 1660. Les dernières convulsions de la Fronde venaient de finir. L'absolue autorité du roi apparaissait à la nation comme le gage d'une prospérité dont la politique intérieure de Richelieu lui avait déjà ouvert la voie. La vie mondaine, les arts, les sciences, qui eux aussi s'étaient développés même sous le règne troublé de Louis XIII, ne demandaient qu'à s'épanouir dans la paix. Un âge d'expansion glorieuse s'ouvrait, sensiblement, pour la France.

Mais à côté de ces promesses ou de ces progrès dans l'ordre intellectuel et matériel, il y avait bien des menaces morales. Le développement simultané de la richesse et du goût surexcitait dans la classe supérieure du tiers état les besoins et les raffinements du luxe. Paris, en 1660, devenait décidément le « séjour superbe et pompeux », « l'île enchantée » dont les étrangers et les poètes célèbrent la « merveille ». Tout alors, dans les meubles, dans les vêtements, dans les habitudes, marque, plus encore qu'un désir de confortable, une passion de prodigalité somptueuse. La noblesse, sans avoir les mêmes ressources que les bourgeois enrichis, fait les mêmes folies. Il le faut bien, du reste, dans cette parade perpétuelle à laquelle le roi l'enchaîne; la « magnificence » devient pour elle comme un devoir nouveau, le seul qu'elle ait à remplir dans la paix. Seulement, pour soutenir « ce train », les faveurs du prince, encore que mendiées, ne suffisent pas, et le jeu, les spéculations louches, les créanciers dupés, la débauche mercenaire deviennent trop souvent des moyens d'existence pour une caste dont la déchéance politique et la ruine économique se consommaient en même temps.

Les scandales vont se multipliant à Paris : Tallemant des Réaux s'en amuse, Guy Patin s'en désole, tous deux l'attestent. A la cour, le niveau des mœurs, jamais bien élevé, descend encore. La licence, qui venait d'avoir un âge d'or — « ce temps heureux de la bonne régence », chanté par Saint-Evremond, où la « politique indulgente » du Mazarin « favorisait tous les désirs », — a sans doute ses coudées moins franches, maintenant qu'Anne d'Autriche assagie essaie de faire régner la dévotion autour d'elle. Mais, dès 1661, tout ce qu'obtient la reine mère, c'est qu'on dissimule les « galanteries » que la comtesse de Soissons et la duchesse d'Orléans organisent autour du roi, celle-là avec son expérience perverse, celle-ci avec l'étourderie de sa frivolité.

Louis manifeste, d'ailleurs, par ses paroles aussi bien que par ses actes, le ferme propos de « se laisser conduire à ses passions, sans se contraindre ». Dès lors tout le monde autour de lui l'y aide, et l'imite. Et sous la décence extérieure, à laquelle il tient et qu'il maintient, derrière les grandes choses que dans la paix et dans la guerre il fait ou laisse faire par les ministres qui l'entourent, les documents nous révèlent une histoire secrète de la cour de France, beaucoup moins glorieuse, où, pendant vingt ans, règnent les femmes et l'intrigue, où la cupidité et l'ambition font avec l'amour un mélange vilain, où des drames de jalousie et de vengeance succèdent à ces fêtes d'une voluptueuse élégance, dont les ballets de Benserade, les opéras de Lulli, les tragédies de Quinault faisaient l'accompagnement symbolique. — Tel était le monde que Bossuet, commençant de prêcher à Paris en 1660, à la cour en 1662, devait évangéliser.

I

Ce qu'il voit bien, pourtant, c'est que cette haute société dépravée à laquelle il a désormais affaire est croyante. « La vie est corrompue, la foi est pure », il le constate. Ces pécheurs orthodoxes n'ignorent point ni ne révoquent en doute « les mystères qu'ils déshonorent ». L'incrédulité, exception isolée, n'a même pas de nom : le langage vulgaire l'assimile au dérèglement des mœurs, au *libertinage*, et de fait la plupart des esprits forts ne sont alors que des bohèmes. Ils se cachent : quinze ans après encore, Bourdaloue dira qu' « en se laissant apercevoir, ils se diffameraient ».

Dès lors il ne s'agit pas pour le prédicateur de « convaincre des convaincus », et Bossuet, comme la presque totalité des orateurs de sa génération, insistera peu sur le dogme. Non qu'il ne lui en coûte. Plein, comme il est, des Pères, persuadé, aussi, en son bon sens, que le christianisme est un tout et que « la morale se fonde sur le mystère », il s'oubliera plus d'une fois à se plonger, en chaire, « dans les grandes profondeurs » de cette « belle théologie » qu'il a sondée. Du moins, à dater de 1661, ces excursions métaphysiques se font chez lui plus rares. Dorénavant il porte son effort sur la morale.

C'est ce que témoignent d'une façon bien curieuse ses panégyriques de saints et ses oraisons funèbres. A Metz, pour complaire à l'innocente curiosité de ses auditeurs, il lui était arrivé de raconter dans un assez grand détail la vie des héros de l'Église ancienne. Ainsi dans le panégyrique de saint Bernard, qu'il compose en puisant dans deux chroniqueurs du moyen âge. A Paris, après 1660, plus de ces narrations développées et pittoresques. Il n'a souci que de découvrir dans la vie du saint, de qui c'est la fête, les leçons dont les chrétiens d'à présent ont besoin, ou quand il ne les y découvre pas, à les y mettre. Quand par exemple, célébrant saint François de Paule, Bossuet remplace par de longues considérations purement parénétiques le tableau des mortifications étranges de l'ermite de

Calabre et le récit amusant de ses miracles, l'auditoire — il le sent bien — ne sera pas content. Mais peu lui importe. La morale prime le récit.

Sur l'oraison funèbre aussi, le sermon déborde. De ce genre de discours, que Bossuet devait porter si haut, qu'on ne croie pas au moins qu'il ait été enthousiaste. Il y avait « peu de goût », nous dit son secrétaire; et c'était, selon lui, un « travail peu utile », indigne de l'Église, et où seule la vanité des familles trouvait son compte. Mais il voit, pour purifier et relever cette corvée trop mondaine, un moyen : c'est de la faire servir *« à l'instruction de tout le peuple »*. En conséquence, il restreint sans scrupule la part de la biographie particulière. Il relègue et cache aux trois quarts le défunt derrière la thèse générale que telle circonstance de sa vie, tel trait de son caractère lui a suggérée. Il ne voit en lui qu'un prétexte à de « saintes méditations ». Aussi bien, ces grands deuils n'offrent-ils pas de précieuses occasions d'enseignement? N'y a-t-il pas plus de chance d'atteindre et de saisir ces âmes légères quand le spectacle de la mort les attendrit peut-être et les dispose aux pensées sérieuses? C'étaient de bonnes journées que les funérailles d'Henriette d'Angleterre ou d'Anne de Gonzague, pour cette croisade morale à laquelle Bossuet comprend qu'il faut travailler sans trêve.

II

A travers la collection trop variée de vices que la cour et la ville lui offrent, il ne nous promene point comme d'autres prédicateurs, Bourdaloue par exemple, qui a touché à tout. Il concentre son étude et son effort sur l'ambition, l'orgueil, la volupté, — sur ces vices « essentiels » et « radicaux » d'où « sortent et pullulent » tous les autres.

L'ambition, d'abord, l'éternelle ambition dont il semble bien qu'il y avait, en ce temps-là, recrudescence. Un règne nouveau — surtout après une régence longue et traversée, — c'est la porte ouverte à tant d'espérances! Mazarin mort, qui sera premier ministre? Parmi ceux qui, au vu et au su de tous, « courent », comme dit Guy Patin, après cette fortune, ce sont « M. de Villeroy, M. Le Tellier, M. Fouquet » qui tiennent la tête. Mais bien d'autres se faufilent sur leurs traces : le cardinal de Retz, le maréchal Fabert, lord Montague, l'évêque de Langres, Condé peut-être; et la diversité de ces noms indique assez combien de coteries différentes sont « aux aguets ». Et toutes ces cupidités sont d'autant plus âpres qu'il ne s'agit pas que d'honneur. Sous Mazarin, et à son exemple, la curée avait été grasse : quel appât pour les besogneux de la noblesse comme pour les affamés du tiers état!

Cette universelle convoitise frappe vivement Bossuet. Dans ses sermons de Metz, presque jamais il n'avait parlé de l'ambition; aussitôt à Paris, il la peint sous toutes ses formes et en toutes ses phases, depuis son entrée dans l'âme, si spécieuse et innocente. Car l'ambition s'offre d'abord à nous comme un désir permis d'expansion légitime, comme un devoir, presque. « Il faut, disent-ils, se démêler de la troupe, se distinguer. » Parfois plus beaux encore sont les prétextes : — désir de travailler au bien public, impatience de réaliser des projets édifiants. — Ainsi l'on se persuade; et l'on se pousse. Mais comment? « La vertu ne marche qu'à pas comptés. Elle ne sort point de ses règles. Elle n'est pas adroite ni souple. Combien plus actif est le vice, plus pressant, plus alerte! » Faut-il se passer d'un agent si précieux? On l'emploie. Dureté pour les petits et les faibles, médisances, faux serments, tromperies administratives, iniquités juridiques, rien ne coûte bientôt plus à ce « désir d'agrandissement » qui s'étend à tout. Aux honneurs, d'abord, et à la puissance dont l'orgueil se repaît; mais aussi à cette « abondance », dont « le délicieux et le superflu » flattent la concupiscence physique. On veut, outre les dignités, les « belles maisons », les « belles terres ». Pourtant, que de misère en cette poursuite insatiable! L'ambitieux ne s'épargne pas plus qu'il n'épargne les autres. Il pense nuit et jour à cette besogne de son « établissement », jamais close. A mesure qu'elles se satisfont, ses prétentions deviennent plus vastes. Le progrès même l'y convie; au début, « il lui fallait grimper parmi les précipices »; pourquoi s'arrêter en plaine? Et Bossuet ne tarit pas sur cette « habitude d'attendre toujours que l'on contracte à la cour », si forte que « l'on ne peut se défaire du titre de poursuivant sous lequel on croirait n'être plus du monde » et que l'on mourra solliciteur.

C'est qu'aussi bien, de tous ces caractères de l'ambition, les exemples vivants l'environnent. Il n'a qu'à ouvrir les yeux sur ses amis eux-mêmes pour voir comment les ambitieux naissent, grandissent et durent. Parmi les plus illustres avides, il en est un que déjà sans doute il peut observer de près, étant le camarade de collège et le confrère d'un de ses fils; — c'est le sous-secrétaire d'État Le Tellier, ce type du parfait courtisan, qui, non content d'être parvenu, par un chef-d'œuvre d'équilibre, à se soutenir contre Colbert, ne cesse de lutter pour s'accroître, lui et son clan, et quoique maître d'une fortune aussi grosse que celle de son rival, lui dispute, à soixante-dix ans, lui ravit, à soixante-dix-huit, cette place de chancelier qui n'ajoutera qu'un titre à son épitaphe.

Mais ce que l'histoire quotidienne montre à Bossuet autant que l'ambition triomphante, c'est l'ambition déçue. Dès 1663, les prisons se remplissent de traitants enrichis pendant la Fronde; d'énormes amendes tombent sur eux, sur leurs veuves, leurs enfants, leurs gendres. Au moment même où Bossuet arrive au premier rang de la prédication parisienne, le cousin germain de son père, Antoine Bossuet, secrétaire des finances et l'un des plus riches « partisans », seigneur de Villers, de Marly, de Ville-d'Avray et autres lieux, est frappé lui aussi, et dépouillé. Et la chute de Fouquet (1661-1665) ne semble pas devoir clore la liste de ces exécutions redoutables. Le maître dont on escomptait la faiblesse craint tant d'être dupé de nouveau! Qui sait si Colbert n'aura pas demain le sort de sa victime? Une sorte de terreur règne, dont les mémoires des courtisans sont pleins, et les discours de Bossuet, de 1660 à 1666, la reflètent sous le voile transparent des images de la Bible, dans ces pages fameuses où il peint, à trois ou quatre reprises différentes, « couché tout de son long sur la montagne, tronc inutile », ce grand arbre « que le ciel nourrissait de sa rosée, que la terre engraissait de sa substance ».

A côté de l'ambition « sans laquelle on n'est point du monde », ce que Bossuet voyait le plus souvent autour de lui, c'est « la fausse galanterie, sans laquelle on n'a point d'esprit ». Ce sujet n'était pas de ceux dont, comme il dit lui-même, un prêtre puisse parler « sans crainte et à bouche ouverte ». On a peur d'évoquer « dans les âmes corrompues des pensées profanes ». Mais tout de même, les scandales contemporains font trop de bruit pour que le ministre de l'Évangile les ignore. Il en parlera donc, et sans cette demi-condescendance, sans ces égards souriants ou résignés que les moralistes ont alors quand ils touchent aux galantes faiblesses. De ces dehors raffinés dont l'amour grossier se pare; de ces mots d' « adoration », d' « hommages », qu'il vole à l'amour pur, à l'amour divin, il lui refuse le droit de se servir. Il le ramène rudement à sa vraie forme, forme « ignominieuse » d'une « brutalité », qui éclate en toutes ses attitudes. « Poursuivant », son ardeur a tantôt des « lâchetés inouïes », tantôt des emportements sauvages où s'entend le « hennissement » de la bête, bondissante au fond des « cœurs lascifs ». Satisfait, c'est une joie honteuse « qui pénètre en la moelle des os » et énerve l'âme. Méprisé, « rien de si furieux ».

Mais les conséquences sont plus laides encore que le vice. Il faudrait aller chercher dans les romanciers ou les dramaturges modernes, chez un Balzac ou un Émile Augier, une perception aussi pénétrante que celle de Bossuet des effets imprévus de décomposition morale que la volupté produit. Il en est un sur lequel il revient plus d'une fois : la dureté, — cette dureté des don Juan. — « La joie des sens », en même temps qu'elle entame « le principe de droiture qui est en nous », surexcite l'égoïsme et la cruauté qui sommeillent. Élégants et riants, « la parole douce et l'humeur enjouée », ces voluptueux n'ont à la bouche que des maximes inoffensives : « Contentons-nous, disent-ils; cueillons les fleurs avant qu'elles ne passent »; mais voyez-les quand la misère les sollicite : « leur cœur est fermé à la compassion, leurs mains au secours ». Attendez-les surtout au jour où, appauvris eux-mêmes par leurs dissipations, ils chercheront fiévreusement de quoi contenter leurs passions toujours exigeantes. Nulle injustice ne leur coûtera, nulle rapine. Et de là, ce crime — passé en habitude dans le grand monde — des dettes impayées, sans souci « de faire languir misérablement des marchands et des ouvriers dont la famille éplorée crie vengeance », sans honte d'avoir causé la ruine d'anciens amis, que vous ne regardez plus désormais que comme des importuns, et à qui vous croirez faire assez de justice en leur laissant après votre mort les restes de votre naufrage. De là ce jeu où, non seulement « des pères et mères dénaturés jettent la fortune de leurs enfants », mais où l'on descend au dernier degré de la « fraude », à la pure et simple « volerie ».

Bossuet va même plus loin dans cette dénonciation des conséquences de la volupté. En 1665, prêchant l'Avent au Louvre, il dépeignait « les peines d'esprit de « l'amour impur », ses incertitudes, ses agitations, l'enfer de ses jalousies, et le reste, que je ne dis pas ». Ce reste, il le dira l'année suivante. Dans le sermon sur *l'Amour des plaisirs* prêché en face de Louis XIV, il osera nommer ces « tortures insupportables, ces maux inconnus, que les plaisirs ont amenés dans le monde ». Et aux gentilshommes épuisés, que la veille peut-être il entendait se plaindre de ces rigueurs du pouvoir qui bouleversent les fortunes les plus hautes, il répond, rudement, que « les disgrâces ruinent moins de familles que la sensualité ».

III

Si courageusement précis dans les généralités abstraites, Bossuet n'a pas plus de peur de s'en prendre à tel ou tel groupe, clairement désigné, de ses auditeurs. C'en était un auquel on pouvait appréhender de déplaire, que celui de ces femmes du monde, plus nombreuses alors que jamais autour des chaires. De la parole, en ce temps-là, elles raffolent ou prétendent raffoler. Mlle de Montpensier, esquissant le rêve d'une abbaye de Thélème pour précieux et précieuses, n'oublie pas d'exiger « un bon prédicateur », et encore au temps de La Bruyère la coquette la plus évaporée, dans le programme de sa semaine mondaine, prévoyait toujours, à côté du jeu, du concert et de la mascarade, un « joli sermon » Mais combien de prédicateurs devaient, par leur façon de prêcher, briguer des suffrages d'où dépendait leur réputation présente et partant leur évêché futur! Combien, par une déférence intéressée, ont dû ménager cette puissance susceptible, et quand ils y touchaient dans leurs discours, émousser la sévérité évangélique, se contenter d'épigrammes plus flatteuses que blessantes à l'amour-propre, et arrêter la réprimande au point où elle cesserait d'amuser la curiosité pour remuer douloureusement la conscience! « Nous entendîmes l'autre jour l'abbé de Montmor, écrit Mme de Sévigné. Il fit le signe de la croix, il lut son texte, il ne nous gronda point, il ne nous dit point d'injures. Il nous pria de ne point craindre la mort; nous le lui accordâmes. Il n'a rien qui choque. Nous fûmes tous contents. »

Bossuet choquait peut-être. Il ne s'adresse jamais aux femmes, dans la chaire, que sur un ton de sévérité raide, où parfois la compassion perce, parfois quelque colère, plus souvent un peu de dédain. De bonne heure, dès les sermons de Metz, les occupations de cet être frivole lui ont apparu comme la marque la plus parfaite de la plus misérable vanité. N'est-ce pas la femme qui a inventé la toilette, et qui dans ce soin du vêtement, où il ne fallait que simplicité, modestie et propreté, a introduit un tel raffinement qu'à présent, « pour orner une « boue colorée », presque toute la nature travaille, presque tous les métiers suent, presque tout le temps se consume! » Elle-même à ce vain ajustement, combien d'heures elle consacre! Combien, au soin de ces cheveux, « que la nature jette sur nos têtes comme un excrément inutile », et dont la coquetterie « fait une affaire! » Mais à Paris, Bossuet ne se borne plus à des indignations naïves contre ce gaspillage scandaleux du temps. Il dénonce, gravement, le motif véritable de cette frivolité : le désir de plaire, « leur passion dominante ». Se sentent-elles de l'esprit? Quel empressement à le faire éclater dans les entretiens! Ont-elles de la beauté? « Avec quelle pompe elles l'étalent partout », jusque dans la maison de Dieu où elles entrent « la tête levée, fendant la presse avec grand bruit et portant partout des regards *hardis* » : — Bossuet avait d'abord écrit *avides*. — Et ce qu'ils sollicitent, ces regards, c'est d'autres regards, et qui ne soient point indifférents. « Que veulent ces gorges et ces épaules, sinon étaler à l'impudicité la proie à laquelle elle aspire? »

Bourdaloue ne dira rien de plus fort. Mais, dans la même rigueur, il y a en outre, chez Bossuet, comme un écho passionné des malédictions du moyen âge contre l'éternelle ennemie.

De même, lorsque Bossuet s'en prend aux grands, c'est déjà presque cette hardiesse de Massillon, mettant la chaire à l'unisson de la « philosophie » naissante. Que les grands, « enivrés de leurs propriétés et de leurs titres », se gardent de croire qu'ils sont au-dessus de la condition humaine : « *Dieu et la nature ont fait tous les hommes égaux;* et quoique l'orgueil ait trouvé le moyen de mettre une différence infinie entre le sang noble et le sang roturier », la grandeur n'a d'autre fondement que le don, gratuit et fortuit, de Dieu. Si les grands oublient cette unique raison d'être d'un privilège immérité et les devoirs de bonté qu'il leur impose, — s'ils sont comme cette « idole muette » qui, au milieu « de la terre désolée, des pauvres gémissants, des innocents opprimés, hume l'encens, voit tomber les victimes et n'étend pas les bras pour faire le bien » ; — malheur à eux : « *leurs fautes ne peuvent presque pas être médiocres.* »

Il est vrai que, parmi ces grands, quand c'est au plus grand que Bossuet parle, quand c'est au souverain lui-même qu'il s'adresse, incontestablement il y met des formes et des détours. Alors même que dans sa bouche la leçon ou la réprimande sont directes, elles sont discrètes, ou bien des louanges s'y mêlent, qui les atténuent singulièrement. Il n'y a pas à en disconvenir.

Mais est-il, encore aujourd'hui, besoin de rappeler que, sous l'ancien régime, il était impossible à un prêtre sérieux de dire en chaire au souverain, sans réticences et sans ambages, des vérités que les corps les plus puissants, que les ministres les plus écoutés, n'avaient littéralement pas moyen de faire entendre, contenus qu'ils étaient par l'étiquette, sinon par le respect? Ajoutez que sous Louis XIV, cette liberté de langage se conçoit encore moins que sous tel autre de ses prédécesseurs ou de ses successeurs, et à la date de son règne où Bossuet prêchait à la cour, moins qu'à un autre moment du règne. Ç'avait été le soin de Mazarin, dans les dernières années de la Régence, ce fut celui du roi dès son avènement réel au pouvoir, que d'accroître le prestige de la personne royale et de creuser, entre le « monarque » et ceux même qui l'approchaient de plus près, un abîme. Les camarades de jeunesse de Louis XIV s'en aperçurent vite, et d'aucuns, pour ne s'en être pas aperçus, en pâtirent. Dès la quatrième année de son règne personnel, il ne faisait pas plus d'état de son propre frère que d'un simple « maître des requêtes ». Dès 1662, pour lui avoir parlé sur ses déportements « comme une chrétienne et comme une honnête femme », la duchesse de Navailles avait été chassée avec son mari. C'est en 1665 que Lefèvre d'Ormesson nous peint l'effroi de la cour, où personne « n'ose parler », et attribue au roi ce mot fort vraisemblable : « Je sais qu'on ne m'aime pas. Je ne m'en soucie point, car je veux régner par la crainte. » Un prédicateur assez hardi pour dire au roi crûment la « vérité totale », serait sans doute allé méditer à Quimper-Corentin sur les inconvénients de se poser en « réformateur extravagant » auprès d'un prince qui se vantait de « connaître nettement le mal qu'il faisait ». Bossuet, comme plus tard Bourdaloue, préféra qu'une conduite prudente lui permît d'essayer plus longtemps de faire un peu de bien.

Quant aux louanges, que comme Bourdaloue plus tard, il donne à Louis XIV, si d'ordinaire elles sont suffisamment exactes, si le plus souvent Bossuet ne loue le roi que des choses dont on pouvait le louer à juste titre, il faut avouer pourtant que, plus d'une fois aussi, il n'y a pas moyen de souscrire à ces éloges. Mais Bossuet lui-même, parlant au Dauphin, indiquait plus tard, non sans finesse, ce que ces compliments versés aux souverains pouvaient contenir d'ironie. « Telle était, dans l'Égypte ancienne, la manière d'instruire les rois. On croyait que les reproches ne faisaient qu'aigrir les esprits et que le moyen le plus efficace de leur inspirer la vertu était de leur marquer leur devoir dans des louanges », — où ils pouvaient apprendre précisément quelles vertus ils ne possédaient point.

Il y a eu, il y aura toujours dans les paroles sociales une insincérité nécessaire, et quelque chose vaut mieux que ces chicanes : c'est de reconnaître que Bossuet allait vraiment assez loin dans la vérité relative. A une conscience, comme celle de Louis XIV, dont la religiosité ne devait guère se traduire jamais que par la crainte de l'enfer, il en fit de bonne heure entendre la menace. A un souverain dont un orgueil naturel, savamment entretenu par les flatteurs, causa les plus grandes fautes politiques, il ne se lassa pas d'expliquer l'immoralité de la toute-puissance :

> Ah! si je pouvais ici vous ouvrir le cœur d'un Nabuchodonoser ou d'un Balthazar ou de quelque autre de ces rois superbes qui nous sont représentés dans l'histoire sainte, vous verriez avec horreur et tremblement ce que peut, dans un cœur qui a oublié Dieu, cette terrible pensée de n'avoir rien qui nous contraigne.... De là naissent des vices inconnus, des monstres d'avarice, des raffinements de volupté qui n'ont pas de nom. L'impunité fait tout oser.... Il n'est pas expédient à l'homme de ne voir personne au-dessus de soi : un prompt égarement suit cette pensée, et la condition de la créature ne porte pas cette indépendance.

Il n'est pas jusqu'à ce sujet délicat des amours royales auquel Bossuet n'ose parfois toucher. Terminant le 26 février 1662 son sermon sur *la Prédication évangélique*, il montrait, dans une péroraison énergique et d'une couleur quasi dantesque, la *fuite*, au dernier jour, des pécheurs éperdus devant la Vérité qui se révélera à leur vue dessillée :

Ils seront agités et angoissés ; ils se voudront cacher dans l'abîme. Pourquoi cette agitation, Messieurs? C'est que la vérité leur parle. Pourquoi cette angoisse? C'est que la vérité les presse. Pourquoi cette fuite précipitée? C'est que la vérité les poursuit.

Or il y avait une « fuite précipitée » qui faisait, ce jour-là même, le sujet de tous les entretiens de la cour, et que Bossuet pouvait attribuer à ces remords vengeurs : la fuite d'une pécheresse illustre qui, l'avant-veille, de grand matin, s'était sauvée des Tuileries jusqu'à Chaillot, pour se cacher aux Visitandines : Mlle de la Vallière.

IV

Un dernier point reste à signaler dans cette prédication de Bossuet. C'est la préoccupation qui s'y marque des pauvres. Lorsqu'il essaie de créer chez son royal auditeur cette ambition des tâches hautes et purifiantes qui sera le meilleur contrepoids des tentations vulgaires et le meilleur relèvement des chutes inévitables, ce à quoi il le convie surtout, c'est à pratiquer largement, passionnément, ce devoir mal connu, essentiel pourtant, de la royauté : le devoir de « sauver », de « donner la vie », de soulager ces peuples dont il sait les besoins. Mais ce devoir, ce n'est pas au roi seulement, c'est à tous les chrétiens qu'il le prêche. Et cela sans se lasser, ni craindre de lasser. Non seulement pendant ces disettes qui se succédèrent de 1659 à 1662, années horribles où il peut dire, sans exagération, à ses riches auditeurs qu' *« on meurt de faim à la porte de leurs hôtels »*; mais pendant les années, plus douces, qui suivirent; — non seulement dans les sermons de charité proprement dits, mais dans tous ses discours, quel qu'en soit le sujet, — partout et toujours, les pauvres apparaissent; et l'évocation de la « faim » et du « désespoir » des misérables lui fournissent mainte péroraison.

Notons, de plus, que quand il prêche l'aumône il entre, avec une précision qu'il n'a pas toujours en d'autres matières, dans le détail de la pratique : — ne pas se rebuter des aigreurs des pauvres; — aller chercher les pauvres honteux, et, tout en évitant de les blâmer d'une pudeur qui les pousse heureusement à s'aider eux-mêmes, « forcer cette pudeur par un accueil prévenant »; — avoir, selon le conseil de saint Jean Chrysostome, un tronc dans sa maison, où l'on mettra, à jours et heures fixes, la part des deshérités; — enfin ne point rogner ce fonds de la charité sous prétexte que votre famille et vos charges s'accroissent. Tout au contraire. Plus vous avez de faveurs à demander à Dieu, plus vous avez à pratiquer la fraternité chrétienne.

Mais cette fraternité, où la trouver?

Avons-nous jamais ressenti que nous sommes les membres d'un même corps? Qui de nous a langui avec les malades? Qui de nous a pâti avec les faibles? De toutes parts, il s'élève un cri de misère à l'entour de nous, qui devrait nous fendre le cœur.... O riche superbe et impitoyable, si tu entendais cette voix, pourrait-elle pas obtenir de toi quelque retranchement des superfluités de ta table?... obtenir qu'il y eût quelque peu moins d'or dans les ameublements dont tu te glorifies? Tu ne sens pas, misérable! que... ton luxe arrache l'âme à cent orphelins!...

Même chez les personnes pieuses, combien il est malaisé d'entamer cet égoïsme qui s'isole dans l'indifférence et la tranquillité! Bossuet a entendu l'excuse des dévots qui se dérobent, et qui croient s'acquitter avec un « *que Dieu vous assiste!* » Et quand une courageuse importunité a forcé dans leurs derniers retranchements ces avares, il sait le marchandage de leurs « mains engourdies » pour le bien.

Aussi essaie-t-il de prendre autrement des âmes « sans affection et sans miséricorde ». Puisqu'il ne faut pas compter les attendrir, il essaiera de les intimider, en leur révélant les raisons effrayantes qui font de l'assistance des pauvres un devoir essentiel et strict du chrétien conséquent.

D'abord une raison de naturelle justice. A l'heure qu'il est, « quel abîme entre les conditions! » Ici le superflu, les délices, la joie, l'éclat; — là le complet dénûment, la perpétuelle souffrance, les avanies de la servitude. Pourquoi?

« Les murmures » de ceux qui se plaignent « sont justes ».

Non, non, ô riches du monde, ce n'est pas pour vous seuls que Dieu fait lever son soleil, ni qu'il arrose la terre : *les pauvres y ont leur part aussi bien que vous.* J'avoue que Dieu ne leur a donné aucun fonds en propriété, mais il leur a assigné leur subsistance sur les biens que vous possédez.... La nature, ou, pour parler plus chrétiennement, Dieu, le père commun des hommes, ont donné dès le commencement *un droit égal à tous ses enfants à toutes les choses dont ils ont besoin pour la conservation de leur vie. Et ce droit si naturel que les hommes ont de prendre dans la masse commune tout ce qui leur est nécessaire, gardez-vous bien de croire que les pauvres l'aient tout à fait perdu.*

Par conséquent, c'est « *frustrer les pauvres* de leur propre bien que de leur dénier celui qui nous est superflu ». Ne pas donner est un vol. Votre propriété n'est réelle qu'au regard de la justice humaine. Au regard de Dieu, elle n'est qu'un fidéicommis; vous n'êtes que des « dispensateurs ». La charité est la compensation rationnelle de l'inégalité sociale qui, sans cela, serait un odieux scandale et une légitime objection contre la Providence.

Mais voici ce que dit, en outre, la foi : que l'opulence est une épreuve, un piège. Elle gâte l'âme, elle pervertit l'homme, fatalement. C'est « la malédiction des grandes fortunes ». Aspirez à vous en décharger. Remerciez les pauvres de vous ouvrir le salut que votre funeste bonheur temporel vous ferme. Leur soulagement est votre rédemption.

Quel est donc alors leur rôle dans l'Église? Il est éminent. Celui qui a dit : *Væ vobis divitibus*, a dit aussi *Beati pauperes*. Oui, « l'Église n'a été bâtie que pour les pauvres. *Evangelizare pauperibus misit me :* Jésus-Christ a déclaré par sa pauvreté même qu'il était venu au monde *pour renverser l'ordre que l'orgueil et l'injustice y avaient établi.* » Et si la richesse, loin d'être une marque de la faveur divine, est bien plutôt le signe probable des victimes de la colère céleste, la misère est le signe certain de bénédiction des préférés et des élus. Tel est le mystère de la cité chrétienne, d'après lequel l'aumône est bien moins une générosité facultative, qu'une restitution obligatoire, — d'après lequel la charité non seulement n'implique aucune supériorité de celui qui donne sur celui qui reçoit, mais au contraire une supériorité de celui qui reçoit sur celui qui donne, puisque la libéralité du riche n'est qu'un hommage de sa subordination mystique, qu'une offrande humiliée, rançon de sa damnation vraisemblable.

Sans doute, ces dogmes hardis, Bossuet ne les a pas inventés. Ils sont dans l'Évangile, ils sont dans les Pères, et il n'a pas été le seul, même au XVIIe siècle, à les y voir : Bourdaloue, après lui, devait les invoquer souvent. Mais il n'en faut pas moins noter l'entière adhésion qu'il y donne, la rigueur avec laquelle il développe sans réticences et proclame une doctrine propre assurément à faire hésiter un christianisme conservateur et courtisan, comme celui qu'on lui a imputé plus d'une fois. Cela frappa les hommes du temps. « M. l'abbé Bossuet prêche une morale austère », écrivait l'évêque Nicolas Colbert à son cousin dans des notes confidentielles ; et les « messieurs du Port-Royal » qui, en 1661, à la chapelle des Carmélites du faubourg Saint-Jacques, « se cantonnaient à tous les coins de son auditoire » étaient les plus vifs à exciter les applaudissements[1]. Ils pouvaient augurer, dans cet élève de Nicolas Cornet leur ennemi, un futur allié.

1. L'abbé Le Dieu, *Mémoire sur la vie de Bossuet*, éd. Guettée, p. 73. — Les *Annales de la Compagnie du Tr. Saint Sacrement*, publiées par D. Beauchet-Filleau, O. S. B., montrent Bossuet faisant partie d'une « société secrète catholique » dont l'un des buts principaux étaient de combattre énergiquement les mauvaises mœurs et de soulager les pauvres.

CHAPITRE IV

DU SUCCÈS DE BOSSUET PRÉDICATEUR. LA CONTROVERSE CONTRE LES PROTESTANTS

I

Cette pensée courageuse, clairvoyante et haute, sous la forme si foncièrement éloquente que nous avons vue, fit-elle sur les contemporains de Bossuet l'impression de maîtrise et de presque-perfection qu'elle fait sur nous? Il semble bien que non, et que leur opinion générale ait été celle qu'exprimait, au lendemain de la mort de Bossuet, à l'Académie française, l'abbé de Clérembault : que l'évêque de Meaux avait « laissé obtenir à ses rivaux le premier rang dans l'éloquence ». On lui préféra non seulement — cela est sûr — Bourdaloue, mais encore — cela est probable, — au commencement, Mascaron, Le Boux et Fromentières, à la fin Massillon, le P. Maure ou le P. Séraphin.

Pourquoi? Il n'est pas trop malaisé de le deviner. Pour un orateur, comme pour un auteur, le plein succès dépend moins d'avoir un grand talent que d'avoir le talent qui plaît. Que voulait alors le public? De l'analyse morale, et encore et toujours. Cette société légère, mais fine, était ravie de se regarder, et d'ouïr parler d'elle. Et, à ce goût honnête, la prédication, elle aussi, comme la littérature et comme l'art, sentant qu'il fallait se prêter, servait à ces raffinés la morale « étudiée » dont ils raffolaient, et tenait, tout le temps, sous leurs yeux — l'expression est de Bourdaloue, — le « miroir ». Mais cela, il faut l'avouer, d'autres s'en acquittaient beaucoup mieux que Bossuet. Moraliste, il l'est sans doute, nous l'avons vu; il l'est profondément, — trop profondément, peut-être. — Il ne l'est pas avec ce parti pris de précision menue et d'actualité qu'on exigeait alors. Plus que les spectacles des péchés contemporains, le fond intime, universel et permanent de la nature perverse l'attire. Suggérées par la réalité ambiante plus que copiées sur elle, ses peintures la dépassent. Il aime à descendre plus bas, jusqu'aux « racines », jusqu'au « tuf », comme il le dit lui-même. Mais ces spéculations ont forcément un peu trop de général et d'abstrait; elles paraissent à l'auditeur frivole et pressé difficiles à suivre, difficiles à « appliquer » au prochain; elles intéressent beaucoup moins les gens de salon que ces sermons de Bourdaloue, dans lesquels, comme dit l'abbé d'Olivet, « la vie des hommes apparaissait peinte au naturel, dans un détail merveilleux », à travers un « tissu de caractères » où, selon le mot de Sévigné, « il ne manquait que le nom ». Or cela, c'était si bien ce qu'on voulait, que déjà au temps d'Anne d'Autriche Senault le faisait, avant Bourdaloue; qu'après Bourdaloue vingt autres le firent, prodiguant les portraits jusqu'à scandaliser Fénelon et jusqu'à dégoûter La Bruyère. Et ainsi s'explique-t-on comment, sans être aveugles au talent de Bossuet, ses contemporains n'ont cependant pas vu en lui l'éloquence « représentative » de leur idéal, la satisfaction complète de leur goût, ou si l'on veut, de leur manie.

Il est possible du reste (et c'est ce qu'autorisent à croire, dans les sermons de 1666 à 1669, quelques passages longs et soignés de psychologie plus descriptive) que Bossuet eût consenti à de plus larges concessions aux exigences de ses auditeurs, si, dans ce même temps, une autre préoccupation n'était venue le distraire de la prédication : celle de la controverse avec les Protestants.

II

Du moment où Louis XIV prit en main les affaires, son intention arrêtée de détruire le protestantisme en son royaume se manifesta chaque année par de nouvelles preuves. Mais si, à ce dessein, les catholiques les plus éclairés même et les plus honnêtes applaudissaient, ils estimaient pourtant que les mesures contraignantes de la politique devaient être précédées d'une suprême tentative de persuasion. De là une renaissance, à partir de 1662 environ, de la controverse. Les congrégations rivalisent de zèle avec le clergé séculier, les Jansénistes avec les Jésuites.

Pour s'associer à cette œuvre, Bossuet n'avait pas

besoin d'autre motif que l'intérêt présent de l'Église. Ce fut toujours — disons-le une fois pour toutes, car il faudrait le répéter trop souvent — sa règle, d'abandonner ses occupations, quelque chères et quelque convenables qu'elles lui fussent, pour courir au plus pressé et se placer au poste où son action paraissait plus nécessaire. Cependant il est hors de doute que les conseils et les exemples des docteurs de Port-Royal, avec lesquels, nous l'avons vu, il entrait alors en relations, n'aient contribué à l'engager à fond dans une dispute où ils faisaient merveille avec ce tour d'esprit « mâle, vigoureux, animé, caractère de leurs livres et de leurs entretiens [1] ». Spontanément, Bossuet, en 1669, apporte au premier tome de la *Perpétuité de la Foi* de Nicole et d'Arnauld le suffrage de son admiration. Pendant que ce grand ouvrage se poursuit, il en confère avec les auteurs. Il recommande hautement aux fidèles tous leurs autres écrits de controverse. Il prend les conseils de Félix Vialart, prélat janséniste, sur « les moyens de procurer la réunion des religionnaires ». C'est aux côtés des Jansénistes qu'il se place tout d'abord dans cette dernière campagne que le clergé catholique mena, jusqu'après 1685, contre le protestantisme condamné.

Et certes, dès 1670, à cette croisade théologique, ce n'était ni la science ni l'éloquence qui manquaient. Ni même l'intelligence. Une tendance s'y marquait très vivement à simplifier la dispute. Aux premiers jours du schisme, la colère des deux partis

1. Voltaire, *Siècle de Louis XIV*, chap. XXXVII.

avait accumulé à plaisir les objections et les griefs : Daniel Chamier alignait contre le Papisme dans sa *Panstratia* une véritable armée d'arguments, et le cordelier Feuardent dénonçait chez les sectateurs de Calvin quatorze cents erreurs. Mais le temps, qui calme et qui change, avait passé. L'histoire domestique des deux religions les avait bon gré mal gré rapprochées l'une de l'autre, car d'un côté, tandis que les disputes sur la grâce et que le crédit du jansénisme dans l'Église gallicane habituaient les catholiques à regarder d'un œil plus indulgent les doctrines protestantes sur la justification, la foi et les œuvres, d'un autre côté les divisions intérieures de la Réforme, de plus en plus morcelée, faisaient de plus en plus regretter à ses sectateurs la forte unité de l'Église romaine. Puis, et surtout, le commerce social, la politesse des mœurs, le progrès des lumières avaient produit, petit à petit, leurs fruits de pacification. Une tolérance s'était établie dans la vie, qui devait réagir sur les idées ; les laïques au moins n'étaient plus dans une conviction aussi intraitable de l'évidence de leur vérité ni de la grossièreté des erreurs de leurs adversaires. En 1665, les confrères de M. Conrart à l'Académie française n'avaient plus quatorze cents raisons de le détester.

Toutefois ce qu'on attendait toujours, c'était le livre décisif où se refléteraient, d'une façon exacte et frappante à la fois, cette attitude modifiée des deux Eglises et cet esprit nouveau de leurs adhérents. Avec l'*Exposition de la doctrine catholique sur les matières de controverse*, composée par Bossuet dès 1668, en vue de l'instruction de Turenne, de

Dangeau et du marquis de Lorges, publiée par lui à la fin de 1671, ce livre nécessaire était trouvé.

Moins de deux cents petites pages. Une rédaction courte et nette que ne ralentissaient point les longueries et circonlocutions de raisonnement où s'attardait la logique fastidieuse des cartésiens de Port-Royal, de Nicole par exemple. L'*Exposition* était un « livret » d' « honnête homme », pas plus long ni plus lourd qu'un *Entretien* du chevalier de Méré ou que les *Maximes* de M. de La Rochefoucauld.

De l' « honnête homme » elle avait aussi le ton. Point d'injures ni d'anathèmes. Un zèle contenu, qui tempérait son expression jusqu'à éviter l'éloquence, de peur de l'entraînement des mots. C'était bien ici le théologien modéré, dont Bossuet avait autrefois peint le portrait :

> Il adoucit les choses autant qu'il le peut. Il aime mieux être indulgent qu'injuste. Il estime une pareille infidélité de dissimuler sa propre créance et de déguiser celle de son adversaire, parce que si, par la première, on trahit sa religion et sa conscience, par l'autre on se déclare ennemi juré de la charité fraternelle.

Dans cet esprit était conçu le plan du livre, défense des croyances catholiques bien plus qu'attaque des croyances protestantes.

> Après plus d'un siècle de contestations avec MM. de la Religion Prétendue Réformée, disait l'auteur, les matières dont ils ont fait le sujet de leur rupture doivent être éclaircies et les esprits disposés à concevoir les sentiments de l'Église catholique. Aussi il semble qu'on ne puisse mieux faire que de les proposer simplement.

Négligeons donc, comme il est raisonnable, « ce que ces messieurs ont accoutumé d'objecter aux docteurs *particuliers* » ou bien aux croyances ou pratiques *particulières*. Or en procédant ainsi, que verrons-nous?

Deux choses. D'abord que « plusieurs disputes s'évanouiront tout à fait, parce qu'on reconnaîtra qu'elles sont fondées sur de fausses explications de notre créance ». Et assurément, à en juger avec les sentiments d'un homme du monde, exempt de chicane et fidèle au bon sens, Bossuet, sur ce premier point, tenait vraiment parole. Sur les quinze matières qu'il examinait tour à tour, il y en avait plusieurs où il prouvait sa thèse incontestablement. Ainsi sur cette vieille accusation d'idolâtrie faite aux papistes. Que l'on voulût seulement ne pas reprocher à l'Église ses superstitions populaires ou les momeries des bigotes, qu'elle n'autorise pas, qu'elle blâme même et que les catholiques instruits déplorent, — que, d'autre part, on consentît à reconnaître que le Concile de Trente, loin de faire une obligation de la dévotion aux Saints, « se contente d'enseigner que cette pratique est *bonne* et *utile*, sans rien dire davantage », — et il fallait conclure que cette confiance dans l'intercession des Saints ne nuit en rien au privilège divin du Christ médiateur et que l'adoration du catholique, tout comme celle du protestant, « se termine », ainsi qu'il est juste, « à Dieu seul ».

De même encore, sur cette matière de la justification opérée par la foi et non par les œuvres, doctrine si chère à la Réforme, « fondement essentiel de la rupture » du XVIe siècle. « Nous prions ceux qui aiment la vérité et la paix de vouloir bien lire ici les paroles du concile de Trente. » Ils s'étonneront de constater que l'Église déclare hautement « n'avoir d'espérance qu'en Jésus-Christ », et n'attribuer aux œuvres des fidèles que le mérite qui leur est, gratuitement, conféré par la divine générosité. D'ailleurs les calvinistes ont fait là-dessus aux luthériens des concessions qui les doivent rendre plus faciles aussi à l'égard des catholiques, et les doctes du parti « confessent qu'il n'aurait pas fallu se séparer de nous pour ce point ».

Cependant Bossuet ne prétendait pas que sur tous les articles un éclaircissement loyal pût aussi aisément supprimer la dispute. « Certaines disputes restent », mais — et c'est la deuxième thèse qu'il se fait fort de prouver — cet éclaircissement aura encore pour effet d'en diminuer notablement la gravité.

Prenons, par exemple, cette question de l'Eucharistie, où, touchant la « présence réelle », les deux affirmations calviniste et catholique paraissent s'opposer d'irréductible façon. Ici encore, Bossuet commence par pousser aussi loin que possible « l'avoisinement » des deux doctrines, en observant que les calvinistes emploient souvent des formules singulièrement analogues aux expressions catholiques ; — mais sans exagérer l'importance de ces rencontres verbales, ce qu'il s'attache à faire voir, c'est que, loin d'être contraire à l'esprit du christianisme, la doctrine catholique du sacrifice de la messe et de la transsubstantiation s'en inspire. Sans dédaigner les vieux arguments des controversistes en faveur de l'interprétation littérale des paroles « ceci est mon corps... », c'est, de préférence, par les raisons du cœur qu'il les commente. Le tout, selon lui, est de comprendre « que le Fils de Dieu a voulu nous témoigner son amour », amour infini qui « se soutient partout de la même force ». Dès l'instant que l'on croit à l'Incarnation, pourquoi refuser de croire à l'Eucharistie? « Faut-il que des chrétiens, sous prétexte de célébrer dans la Cène la mémoire de la Passion, ôtent à cette pieuse commémoration ce qu'elle a de plus tendre? » Qu'est-ce que cette parcimonie de foi? Devançant l'apologétique moderne, c'est surtout dans l'amour que Bossuet montrait et la raison du miracle et le motif d'y adhérer, et déjà en y mettant beaucoup de cette poétique onction qu'au temps du romantisme Lacordaire l'abbé Gerbet et Ravignan devaient plus largement oser.

Ce livre, si séduisant dans sa simplicité ferme et modeste, eut un effet immense. Les docteurs protestants ne voulurent pas même attendre pour le réfuter qu'il fût paru. Mais leurs réponses trahissent leur embarras. Tantôt ils se demandent si ce n'est pas Bossuet qui vient à eux, qui « abandonne les sentiments de son Église et entre dans ceux des Réformés ». Tantôt ils sont tout près d'avouer que, si vraiment l'Église était telle que Bossuet la peignait, les protestants de bonne foi n'auraient plus qu'à s'y rallier. Mais ils préfèrent le plus souvent accuser l'avocat de Rome d'adoucissements hypocrites, de dissimulations peu honnêtes, et ils le défient d'obtenir pour cette infidèle déclaration de la créance catholique l'approbation du Saint-Siège. Elle vint pourtant, cette approbation romaine; et alors il ne resta plus guère aux calvinistes qu'à contester sérieusement, comme Bayle le faisait par plaisanterie, la valeur du bref d'un pape « si suspect de jansénisme que les Jésuites font prier Dieu pour lui dans les couvents de religieuses ». La vérité était que jamais le protestantisme n'avait été attaqué d'une façon plus sensible, et si, à partir de 1670, il y eut, surtout dans la société cultivée, d'assez nombreuses conversions, l'*Exposition* y fut vraisemblablement pour beaucoup.

III

Cependant même après cette explication si décisive, maintes difficultés subsistaient, principalement en ces matières de dévotion, de culte, de cérémonies, où le sentiment, l'antipathie héritée ou instinctive jouent toujours un grand rôle, et où c'est la routine et l'amour-propre qui s'obstinent. Or pour faire surmonter aux protestants ces répugnances et ces scrupules sur lesquels la controverse n'avait, en un siècle et demi, rien gagné et ne pourrait jamais rien gagner, il n'y avait, selon Bossuet, qu'un moyen : c'était de leur faire reconnaître, une bonne fois, cette « autorité spirituelle » qu'ils avaient, au moment du schisme, rejetée avec éclat, mais qu'ils s'étaient repris depuis à regretter. Qu'ils crussent d'abord *en* l'Église catholique : et ils croiraient ensuite *comme* elle. Cette opposition, que leur esprit ou leur cœur faisait à certaines croyances ou à certaines pratiques, tenait à leur état présent d'esprit et de cœur : l'indépendance. L'état contraire, la soumission, leur insinuerait peu à peu les idées et les sentiments qu'il faut.

Ce fut donc ce principe de la nécessité, de l'existence et de l'autorité d'une Église, dépositaire et interprète de la vérité chrétienne, qu'il choisit pour matière de discussion, lorsqu'en 1678, il fut invité par Mlle de Duras, nièce de Turenne, à conférer avec le ministre Claude.

Cette « dispute » rappelait le tournoi illustre de Duplessis-Mornay et du cardinal Du Perron sous Henri IV. Car si Bossuet, alors précepteur du Dauphin et évêque de Condom, était en passe de devenir l'oracle de l'épiscopat et, selon le mot de La Bruyère, le Père de l'Église catholique française, Claude était aussi, depuis la mort de Daillé et dans la vieillesse de Paul Ferry, le docteur le plus autorisé de l'Église réformée. Orateur éloquent, comme son rival, et d'une éloquence qui, écrite ou parlée, ne manquait pas de chaleur, — comme ses *Plaintes des protestants de France* devaient le montrer quelques années plus tard; — théologien aussi consommé que Bossuet, et lui ressemblant même en ceci, qu'il était plus porté, comme Bossuet l'avait été jusqu'alors, au raisonnement qu'à l'érudition, il avait déjà, dans des polémiques contre Arnauld et Nicole, fait preuve d'une logique si vigoureuse que, selon le mot de Bayle, « son esprit paraissait lui tenir lieu de tout ».

Mais en outre des qualités personnelles des deux champions, Bayle avait aussi bien raison de déclarer que « l'intérêt de cette rencontre devait survivre aux circonstances qui l'avaient fait naître », à cause des idées émises de part et d'autre sur un sujet capital et décisif. Sans doute, c'était à Claude que ce terrain de l'Église était le moins favorable : le ministre y était gêné par les concessions évidentes que, depuis cinquante ans, calvinistes et luthériens avaient faites aux doctrines d'autorité; gêné aussi par les fougueuses déclarations d'individualisme que lançaient alors, au grand scandale du consistoire de Charenton, des « indépendants » comme les ministres Pajon et Lenfant. Néanmoins, à ne lire même que la relation écrite par Bossuet (celle de Claude, du reste, n'y contredit en rien d'essentiel), on voit que l'avocat du protestantisme « se présentait à la difficulté sans reculer ». Même, prenant à son tour l'offensive, il dirige, contre la théorie de Bossuet, quelques-unes au moins des objections pénétrantes que, plus tard, Jurieu devait y faire. Et quelle que fût chez le prélat, dans ces disputes où il se complaisait, l'adresse, dont Bayle le loue, à démêler les questions les plus embarrassées, il « trembla » à plusieurs reprises « que sa faiblesse ne mît l'âme des auditeurs en péril ». Quand, par exemple, Claude, pour répondre à l'affirmation « qu'un particulier ne peut jamais avoir raison contre l'Église », s'avisa de demander « si un particulier qui eût cru, quand la synagogue condamna Jésus-Christ, que Notre Seigneur était le vrai Christ, n'eût pas mieux jugé que tout le reste de la synagogue ensemble », — Bossuet, il en convient lui-même, resta un instant déconcerté par cette objection qui résumait sous une forme piquante les raisons du libre examen. Dans cette minute solennelle, les assistants, ébranlés eux-mêmes et anxieux, le virent se recueillir et demander à Dieu, en une prière muette, « des paroles pour mettre la vérité dans tout son jour ». Ces péripéties d'un combat serré donnent, aujourd'hui encore, à l'exposition si claire que Bossuet en a faite, une sorte de dramatique allure.

Ce qu'on y voit clairement, en tout cas, c'est cette doctrine de l'Église que d'autres avant Bossuet et après lui ont soutenue, mais que, par sa précision magistrale, il a, en quelque façon, faite sienne et qui tient une place si importante dans tout le développement de sa pensée. Partant de plusieurs faits incontestés de l'histoire des luthériens et des calvinistes au XVIIe siècle — décisions impératives des Synodes, acceptation docile de ces décisions comme infaillibles, — il y faisait voir un hommage, que la Réforme avait rendu, malgré elle, à l'idée d'un pouvoir spirituel souverain. Mais ces résipiscences étaient-elles compatibles, comme Claude le soutenait, avec le droit de libre examen si énergiquement réclamé par les Réformateurs et toujours maintenu par les Réformés? Non. Ce droit a pour corollaire inévitable l'excuse de toutes les préférences du « sens propre »; il légitime toutes les fantaisies de l'imagination, toutes les révoltes de l'orgueil des individus; il autorise ce « doute universel », qui peut faire un philosophe, mais qui ne peut que défaire un chrétien; il mène droit aux maux dont souffre de plus en plus la Réforme : l'*indépendantisme*, la tolérance universelle, l'anarchie. Il y a plus. Ce n'est pas seulement le bon ordre de la société ecclésiastique qui, sauvé par l'autorité, est détruit par le libre examen. C'est la conception chrétienne elle-même. Et, dans une analyse singulièrement précise, où Bossuet, pressé par son adversaire, pousse lui-même le problème « aux dernières précisions », il arrive à se demander sur quoi repose, en fin de compte, la foi du chrétien. Est-ce sur l'examen, précisément? — Non, car qui voudrait dire qu'on n'est chrétien que quand on en est capable par l'âge, et que les faibles d'esprit ou les ignorants sont exclus du christianisme? — Est-ce sur la croyance directe et immédiate à l'Évangile? — Non, car « cette parole sainte et adorable se laisse expliquer et manier comme on veut et ne réplique rien à ceux qui l'entendent mal », et à Dieu ne plaise que la foi dépende des problématiques résultats d'une exégèse si délicate aux savants même! — La foi du chrétien est fondée sur l'Église, à l'autorité de laquelle le baptême implique une mystérieuse, mais réelle adhésion. Ce n'est pas des actes de la raison que la foi du chrétien découle, mais de la grâce; — et cette grâce, dont le sacrement de baptême est le canal, a pour effet propre l'infusion, dans l'âme devenue chrétienne, d'une confiance imperturbable en l'Église; — et de cette confiance primordiale en l'Église résulte, à son tour, la confiance en l'Évangile, que l'Église présente au chrétien et qu'elle lui explique. Quant à prétendre, comme fait Claude, qu'à cette foi, toute divine en somme, il soit nécessaire, ou utile, et qu'il soit permis d'ajouter un appel humain à l'intelligence : quel surcroît, non seulement superflu, mais sacrilège! Qui dit examen, dit doute : le doute s'unira-t-il à la foi? Et qu'est-ce alors que le baptême, et à quoi bon? Donc, « il y aurait un moment où un chrétien baptisé pourrait douter si l'Évangile est une vérité ou une fable, et Jésus-Christ le docteur de la vérité ou un trompeur? » Donc, ce singulier chrétien, pour arriver à une foi qu'il n'a, paraît-il, que de nom, ne serait pas dispensé de passer par une « suspension d'esprit » qui, pour être consciencieuse, devra forcément commencer par descendre jusqu'à une « espèce d'athéisme »? Quel homme sérieux reconnaîtra là le christianisme? « Qui doute de l'Église, doute de l'Évangile. » Qui croit à l'Évangile, croit à l'Église. « On ne peut croire à l'Église et rester protestant; on ne peut pas n'y pas croire, et rester chrétien. » Et voilà comment cette matière éclaircie « doit faire catholiques ceux qui la sauront bien entendre ».

Après cela, Bossuet pouvait, sans vanité, déclarer que « tout était dit de part et d'autre ». On en était, non seulement au fond des deux doctrines, mais au cœur même de la religion révélée. A moins de nier le surnaturel, et si l'on acceptait l'idée de l'Église, il fallait reconnaître à cette Église, distributrice de la grâce, une autorité sans appel. La discussion sur les principes et les idées était bien close.

Mais elle pouvait recommencer ailleurs. Quand la conférence « qui avait duré cinq heures avec une grande attention de toute l'assemblée », prit fin, « Mlle de Duras dit qu'elle voudrait bien, avant qu'on se retirât, qu'on dît quelque chose sur la *séparation* », sur le schisme du XVIe siècle. Mlle de Duras n'avait pas tort. A supposer même que les protestants donnassent à Bossuet cause gagnée sur l'indispensable nécessité de la soumission absolue en matière spirituelle, ils pouvaient toujours refuser de voir, dans l'Église catholique et romaine telle qu'au XVIIe siècle ils l'avaient devant eux, cette Église à laquelle il fallait se soumettre. Ils pouvaient toujours soutenir que cette Église vraie, c'était maintenant celle qu'ils avaient fondée lors de la Réforme. Mais cette double prétention, ce n'était que par l'histoire qu'elle se pouvait combattre. A cette nécessité nouvelle d'une controverse que ses efforts même avaient déplacée, Bossuet se trouva préparé, nous l'allons voir, par le grand changement qui, entre l'*Exposition* et la conférence avec Claude, s'était produit dans sa vie[1].

1. L'abbé Levesque a publié dans la *Revue Bossuet*, 1904, une relation de la *Conférence* avec Claude qui complète celles des deux adversaires.

CHAPITRE V

L'INSTRUCTION DU DAUPHIN. RENOUVEAU DE LA CULTURE CLASSIQUE DE BOSSUET

I

« On a souvent ouï dire à M. Pascal, rapporte Nicole, que nul emploi au monde ne lui eût plus agréé que celui d'instituteur de l'héritier présomptif de la couronne de France et qu'il aurait volontiers sacrifié sa vie pour une chose si importante. » Ce rêve de Pascal se réalisa pour Bossuet. Nommé évêque de Condom à la fin de 1669, il n'était pas encore sacré que Louis XIV le choisissait, le 13 septembre 1670, pour succéder au président de Périgny comme précepteur du Dauphin. Dans ce poste d'honneur, Bossuet fit ce que Pascal eût fait. Laissant tout de côté, sermons, oraisons funèbres, théologie dogmatique, controverse, il se consacra sans réserve, dix années durant, à cette œuvre de faire un roi de France, où, comme l'écrivait alors un ministre de Louis XIV, « toute la chrétienté avait intérêt ».

La formation morale du Dauphin ne le regardait qu'au point de vue religieux. La surveillance de la conduite et la correction des défauts appartenaient au duc de Montausier, probablement assez jaloux de ses attributions. Mais Bossuet s'occupe tout de même du cœur de son élève autant que de son intelligence. C'est un beau document de l'histoire des éducations princières qu'une lettre adressée par lui, au sujet du Dauphin, le 9 septembre 1672, au maréchal de Bellefonds. Ce jeune être, promis à d'effrayantes grandeurs, Bossuet, penché sur lui comme le jardinier sur la plante précieuse, l'épie d'une attention passionnée. Il veut connaître à fond, il veut aimer cette petite âme, il veut surtout espérer en elle. Il est ravi d'y découvrir « des commencements de grandes grâces : une simplicité, une droiture, un principe de bonté ». Parmi des « rapidités » — c'est l'euphémisme dont il voile une légèreté qui déjà l'inquiète et qui le désolera — il croit voir un heureux « je ne sais quoi, qui se jette au milieu des distractions pour le rappeler à Dieu ». Mais quel danger pour ces germes de bien, rares et frêles, d'être vite étouffés ! « Le monde ! Le monde ! Les plaisirs.... Les mauvais conseils.... Les mauvais exemples.... Sauvez-nous, Seigneur, sauvez-nous ! Hélas ! qui suis-je ? » Et dans cette anxiété, Bossuet se remémore, par quelques mots jetés sur la page confidentielle, les sentiments où il veut se mettre : « Humilité. Humilité. Enfoncement dans son néant propre. » Il ne voit que cette source mystique où puiser la *confiance*, la *patience*, la *persévérance*, le *travail assidu*, qu'exige continûment une tâche redoutable.

Dans son office propre de précepteur, il émerveille, il édifie tout le monde. L'envoyé protestant de Brandebourg, Ezéchiel Spanheim, qui ne l'aime guère, reconnaît pourtant que son « assiduité à instruire le Dauphin ne pouvait être plus grande ». Il nous est, d'ailleurs, permis d'en juger. Le Dauphin étudiait tous les jours, sans exception, même le dimanche. Trois leçons par jour, et ce devait être Bossuet qui, presque perpétuellement, les donnait. Car sauf la géographie et les mathématiques, il eut à enseigner tout, depuis la grammaire jusqu'au droit, à un élève qui avait neuf ans quand il le prit et ne sortit de ses mains que pour se marier. Le sous-précepteur Daniel Huet, que Montausier avait fait adjoindre à Bossuet, n'était point un aide, mais un suppléant. Daniel Huet put travailler en paix à l'énorme in-folio de sa *Démonstration évangélique* : Bossuet ne le dérangea guère. C'est qu'il jugeait « de la dernière importance d'accoutumer le prince à la même personne et aux mêmes manières, vu que les enfants nourris d'un même lait profitent davantage ». Et cette idée de Montaigne, il la pousse jusqu'à des précautions, dignes aussi de Montaigne, et dont l'on s'étonne un peu qu'il ait été capable : « tous les soirs, il tenait à se trouver au coucher du Dauphin pour l'endormir par quelque conte agréable ».

Le temps que cette présence presque continue laissait libre n'était pas assurément trop long pour la préparation des leçons, surtout telle que Bossuet l'entendait. Alors comme aujourd'hui, il y avait des traités, des précis classiques dont pouvaient s'aider les professeurs. Bossuet ne s'en contentait point.

Désireux d'approprier la science à son élève, il fit faire des livres nouveaux, ou il en fit lui-même. Les Despautère avec leurs règles en vers baroques et obscurs offensaient son bon sens : il commença par rédiger deux *grammaires*, latine et française, à sa mode. Pour l'histoire, en outre des abrégés élémentaires, dressés sous sa direction par l'abbé de Brianville, il prépare avec tant de soin les cours que lui-même il fait au Dauphin, que deux livres en sortirent : l'*Histoire de France* et le *Discours sur l'Histoire universelle*. Pour la philosophie, qui tenait dans l'instruction d'autrefois une place si grande, ce n'était pas les *Institutions* et les « cahiers » de professeurs renommés qui manquaient : Bossuet n'en écrit pas moins pour l'usage spécial du Dauphin un petit traité des *Causes*, une *Logique*, la *Connaissance de Dieu et de soi-même*, le traité du *Libre arbitre* (si c'est alors qu'il fut fait) ; et il rassemble les matériaux d'une *Morale*. Enfin quand il en arrive avec son élève à l'étude du droit privé et politique, non content de composer les six premiers livres de la *Politique tirée de l'Écriture sainte*, il entreprend un ouvrage sur les lois et les institutions de la France comparées avec celles de tous les autres États européens. Jamais assurément professeur ne mit dans son enseignement plus de lui-même.

II

Tout ce dévouement, on le sait, fut en pure perte. Non pas qu'il ne faille tenir grand compte des difficultés de ce rôle, que le Dauphin eut à soutenir, de monarque en expectative, obligé d'attirer les regards du public sans paraître les briguer. Il convient de rappeler aussi qu'il fut brave et bon. A la guerre, quand on lui permit d'y aller, laissant aux chefs éminents, dont il n'était que le supérieur fictif, la direction des opérations, il ne joua pas au général, mais il se conduisit en soldat. A Paris, il se fit une réputation bien extraordinaire pour le temps : celle d'un prince qui n'était point hautain, intraitable, féroce, comme tous ces « grands » que La Bruyère a peints avec colère. Ce fils de France causait avec ses serviteurs, s'intéressait à eux : « Chose prodigieuse », s'écrie Saint-Simon scandalisé, mais qui n'y voit que stupidité ou machiavélisme hypocrite.... A moins que le Dauphin n'eût, par hasard, trop écouté son précepteur les jours où celui-ci lui répétait que les rois doivent se faire aimer.

Mais où il faut passer condamnation, c'est sur les qualités d'esprit du Dauphin. Quoi qu'on puisse alléguer de sa fausse position d'héritier suspect, il est sûr qu'il poussa l'incurie des choses sérieuses beaucoup plus loin que son père ne le pouvait raisonnablement souhaiter. On aurait eu grand tort de le soupçonner d'ambitions impatientes : il ne redoutait rien tant que d'être roi. Admis aux conseils d'État, il n'allait jamais à ceux de finance ni de « dépêches » — c'est-à-dire des affaires intérieures, — trouvant apparemment ces matières trop épineuses. — Il quitta Versailles pour s'aller terrer à Meudon, prenant son plaisir à sa guise. Il ne le cherchait point dans l'étude. Comme il avait bon gré mal gré retenu, de tout ce dont on l'avait bourré, pas mal de choses, il mit toute son application, dit la princesse Palatine, à les oublier. Il n'écrivit jamais que ses comptes de ménage, et ne lut que l'article des mariages et des décès dans la *Gazette de France*. Silencieux, moins par timidité que par goût et par paresse, il passait « des journées entières, couché sur son lit, tenant une canne et frappant ses souliers », ou bien, à Marly, « dans un coin du salon, sifflant, tapotant sur sa tabatière, ouvrant de grands yeux sur les uns et les autres ».

Cette pauvreté d'intelligence ne nous intéresserait pas ici, du reste, si l'on n'en avait voulu rendre Bossuet responsable. Or il convient de s'en prendre, d'abord et surtout, à la nature. Le fils de Louis XIV et de Marie-Thérèse avait malheureusement hérité de sa mère une vulgarité assez épaisse, une « langueur » d'intelligence, une incapacité d'attention et d'effort qui le défendaient victorieusement contre toutes les excitations et toutes les contraintes.

Mais, cette réserve faite d'obstacles naturels vraisemblablement invincibles, j'avouerais sans difficulté que le régime auquel le Dauphin fut soumis ne paraît pas avoir été le meilleur possible.

Je ne parle pas seulement de l'éducation, certainement trop dure avec une âme comme celle-là, fuyante ou repliée, et qui sous une sévérité prématurée, continue ou excessive, ne devait que se dérober mieux et se fermer plus étroitement. Or M. de Montausier avait, on le sait, la férule facile, et quoique Bossuet comprît et qu'il ait proclamé plus d'une fois l'importance de la douceur dans la conduite d'une jeune âme, il avait trop le sentiment de l'unité nécessaire au commandement pour ne pas imiter, au moins moralement, la systématique rigueur de son collègue.

Quant à l'instruction, accordons aussi, d'abord, que ce précepteur n'était pas ce qu'il eût fallu pour cet élève. Non pas que Bossuet ait commis les lourdes maladresses qu'on lui a parfois imputées, ni que le *Discours sur l'Histoire universelle* nous représente textuellement les leçons d'histoire qu'il faisait au Dauphin. Il est sûr qu'il s'efforçait d'être élémentaire. Il était assez simple, assez dévoué pour consentir avec joie à ces abaissements. Mais on a beau dire : ce n'est pas tout que de vouloir. On nous assure qu'il faisait pour le Dauphin des « histoires divertissantes » et des fables « ingénieuses ». Ingénieuses, je le veux bien (il en reste une, qui l'est en effet); divertissantes, j'en doute. Parmi les écrits qu'il a composés pour son élève, rien ne rappelle cette « île des Plaisirs » de Fénelon avec ses ruisseaux de miel et ses rochers de sucre. A de très grands hommes, il ne faut pas de trop petites tâches : ils ne réussissent pas à entrer dans certaines puérilités et certaines impuissances. Croit-on par exemple que Bossuet ait pu s'abstenir, pendant des années, de mêler aux faits concrets, les seuls que le Dauphin fût capable de recevoir et de digérer, des idées générales, des considérations profondes, des vues larges? Toutes les idées intéressantes qu'il découvre alors ou qu'il retrouve dans l'étude de l'antiquité et dans celle des sciences nourrissent sa pensée et la stimulent. Mais plus elle s'alimentait et s'élevait, et plus elle devait dépasser le faible et indolent disciple qui écoutait sans comprendre, ou plus souvent, sans doute, entendait sans écouter.

Toutefois, à le bien prendre, si cette instruction, tellement soignée, échoua, pourtant, piteusement, c'est parce que la plus grande partie des études, que Bossuet, sur les ordres du roi et de Montausier, fit faire au Dauphin, étaient peu propres à tirer parti des quelques aptitudes que la nature lui avait départies. Louis XIV, qui avait peu appris et qui probablement en avait plus d'une fois souffert, voulait que son fils reçût une instruction complète, raffinée, qu'il fût non seulement « un honnête homme », mais encore, si possible, « savant ». Sans doute, Bossuet n'obéit pas à la lettre à ces ambitions paternelles, conformes du reste aux goûts érudits de Montausier. C'est ainsi qu'en grammaire il supprima judicieusement ces étymologies « de tous les mots latins et grecs » que le président de Périgny avait commencé d'inculquer au jeune prince. Mais même avec les retranchements de toutes « les inutilités et minuties », ce qui restait était excessif. Et surtout, ce n'était pas le genre de notions auxquelles l'esprit du Dauphin aurait peut-être pu s'ouvrir. Ce qu'il lui eût fallu, ce semble, c'étaient des connaissances positives, pratiques, d'histoire naturelle, d'arts et de métiers. Il y avait, en lui, du Louis XVI. Il paraît bien avoir réellement étonné ses maîtres par ses progrès en géométrie. Il excellait, au moins, nous dit-on, à en « tracer les figures », et qui sait si le plus aimé par lui de ses professeurs ne fut pas cet Israël Sylvestre qui lui apprit à dessiner et à graver? Sans doute, Bossuet n'omit pas, dans son programme, de faire aux sciences une place : Rohault, Olaüs Rœmer, David Blondel enseignèrent au Dauphin de la physique, des mathématiques, l'art de la fortification ; et on le mena à l'Académie des sciences, et l'on fit venir Couplet et Duverney à Versailles pour lui montrer des expériences d'hydraulique et d'anatomie. Mais ce qui n'était que secondaire et accidentel dans son instruction, aurait dû être le principal, quand même il eût fallu réduire la part de ces « thèmes » ou de cette « géographie ancienne », qui furent pour le Dauphin, jusqu'à son mariage, une torture inefficace et odieuse.

III

Ce qu'il y a de sûr, c'est que l'instruction du Dauphin servit beaucoup à Bossuet. A la date où il entra en fonctions, il avait quarante-trois ans, cet âge où l'esprit a besoin d'un rajeunissement que souvent notre routine lui refuse, quand la servitude d'une spécialité professionnelle ne nous empêche pas de le lui donner. Ce regain, Bossuet le trouva dans les études où l'engagea sa tâche pédagogique. Il eut là l'occasion de s'enrichir de ces notions nouvelles qui recréent l'esprit en le dépaysant. Le droit, la politique l'introduisent dans des ordres d'idées inaccoutumés. Si peu qu'il apprît avec son élève de physique et de physiologie, il lui en restera quelques faits. Il ne sera plus, même de retour dans son domaine religieux, un pur théologien.

De plus c'est son instruction de lettré qu'en la recommençant il complète. Il avait peu connu les Grecs. Chez Aristote, qui, durant ses études théologiques, ne lui était apparu sans doute que sous la figure sèche du maître logicien, il découvre à présent le penseur fécond, substantiel, suggestif, dont les vue morales et politiques s'adaptent merveilleusement au christianisme. Il lit Hérodote, et Thucydide, et Platon, et Polybe, et Strabon; — il lit Homère et Hésiode, et préparé qu'il est par son commerce avec la Bible, il y goûte, sans les répugnances ou les scrupules de ses contemporains, la richesse prodigue des images et le sublime fruste des choses primitives.

Ce bon élève des Jésuites, cet orateur de nature et de métier s'était nourri, il nous le dit lui-même, de Salluste, de Tite Live, des traités de rhétorique et des discours de Cicéron. Maintenant il fait connaissance avec Cicéron philosophe, avec César. Et dans tous ces auteurs — qu'il étudie avec le Dauphin, non pas, comme on fait dans les classes, par parcelles, mais chaque ouvrage entier de suite, — il se délecte à « découvrir tout d'une vue le but principal d'un ouvrage et l'enchaînement de toutes ses parties », sensible au noble plaisir de regarder ces beaux écrits « comme on regarde les édifices ». Il permet à son élève de se divertir et il s'amuse lui-même avec ce Térence pour qui les MM. de Port-Royal avaient eux-mêmes un faible. Et encore qu'il ne « pardonne rien » au léger poète, et qu'il en reprenne les endroits licencieux, il se laisse évidemment gagner un peu aux agréments de l'art païen.

Puis, c'est encore d'une autre façon que cet intermède laïque dans sa vie intellectuelle s'est trouvé servir à l'accroissement de son génie. C'est en l'amenant à changer l'enchaînement accoutumé de ses raisonnements, ses habitudes de recherche, sa méthode, ou, si l'on veut, en l'obligeant d'ajouter une méthode nouvelle à celle où le portait son tempérament et où l'astreignaient ses occupations ordinaires. Orateur de naissance, il allait naturellement vers les généralités et les synthèses; théologien de profession, il était porté au raisonnement par principes et par syllogismes. Mais telle n'est pas la méthode, d'abord, de ces physiciens et naturalistes dont il a l'occasion de lire les mémoires, d'écouter les leçons, de visiter les laboratoires : Guichard-Duverney, Rœmer, David Blondel. La science de ces savants, dont la bonne foi de Bossuet admire les conquêtes, ne va pas, elle, du général au particulier, de l'hypothétique au connu; c'est le contraire, et leurs conclusions s'appuient sur une observation minutieuse, obstinée, de la réalité. Telle est aussi, hormis les différences nécessaires, la manière dont il voit procéder les érudits historiens. Ceux-là aussi ne raisonnent que sur des faits. Certains d'entre eux voudraient même, en leur zèle pour la vérité, « que le raisonnement n'eût aucune part dans les histoires ». Lenain de Tillemont, le consciencieux auteur de l'*Histoire des empereurs romains*, rêvait « de pouvoir tout prendre des anciens sans rien dire du tout de lui-même ». Et ces textes, auxquels ils s'interdisent de suppléer, ils les examinent avec le même soin qu'examinent les corps de la nature ces membres de l'Académie des Sciences, toujours armés du microscope. Les uns, Mabillon, Montfaucon, s'attachent surtout à la forme matérielle des manuscrits, posent des règles précises pour discerner les pièces apocryphes, pour établir l'âge et la provenance des chartes. Les autres, Du Cange, Renaudot, Thoynard, d'Herbelot, scrutent la grammaire, l'étymologie, les langues, et à l'aide de toute cette philologie, vérifient l'authenticité, élucident le sens littéral des documents.

Or de tous ces hommes d'étude qui travaillent d'une manière si différente de la sienne, Bossuet de 1670 à 1680 est entouré. A l' « Académie Lamoignon », où il fréquente, il rencontre Charles Patin l'antiquaire, le voyageur Tavernier et Du Cange. Associé par Montausier à la direction de l'entreprise des « Classiques du Dauphin », il entre, à ce propos, en rapport avec plusieurs érudits : Tillemont, à qui était confiée la biographie de saint Louis; Jean Doujat, jurisconsulte et philologue; Jean Rou, protestant historien; Géraud de Cordemoy, un cartésien qui, au lieu de dédaigner, comme Malebranche, les « études de mémoire », applique à l'histoire l'esprit d'examen prêché par le maître. Les physiciens et les naturalistes dont nous avons parlé plus haut, Duverney en tête, se réunissaient fréquemment chez le précepteur du Dauphin. Bossuet se liait enfin avec cette docte compagnie des Bénédictins de Saint-Germain-des-Prés qu'illustrent Martène, Claude Devert, Michel Germain, Bernard de Montfaucon, Ruinart et Mabillon deviennent ses intimes amis, et Mabillon ira plus d'une fois, soit à Saint-Germain, soit à Meaux, raconter au prélat ses voyages fructueux à travers les archives inexplorées de France et d'Italie.

On entend bien que le seul fait de ces relations et de ces amitiés ne nous permettrait pas d'affirmer qu'à cette époque, l'esprit de Bossuet s'est modifié. Mais elles prouvent pourtant quelque chose, ces doctes fréquentations d'un prédicateur qu'on ne s'attendrait pas à trouver en compagnie de ces « savants de mémoire », de ces « critiques pointilleux » dont La Bruyère et Malebranche allaient bientôt s'égayer ou s'irriter. C'est qu'il se plaisait dans leurs entretiens. C'est qu'il s'intéressait aux méticuleuses préoccupations et au labeur obscur de ces ouvriers de l'histoire.

Et puis, il y a de lui, en ce temps-là, des mots d'une portée grande dans la bouche de ce théologien, de ce mystique. Tantôt ce sont des déclarations fort expresses de confiance et d'admiration pour une « critique » dont les progrès le frappent, pour une « érudition » dont les découvertes donnent à espérer l'éclaircissement de tous les problèmes du passé. Ailleurs il trouve, pour exprimer la rigueur de la libre recherche scientifique, des formules si heureuses, si définitives, que Descartes les lui eût enviées et que Pasteur les lui emprunte[1]. Si con-

1. « Le plus grand dérèglement de l'esprit, c'est de croire les choses parce qu'on veut qu'elles soient, et non parce qu'on a vu qu'elles sont en effet. » *Traité de la Connaissance de Dieu et de soi-même*, chap. I, n° XVI. — Cité par Pasteur, dans son discours de réception à l'Académie française.

traires que soient ces constatations à l'idée du Bossuet impérieux et fermé, dont Sainte-Beuve comparait malignement l'esprit à une « sphère », il faut reconnaître qu'à l'époque de sa vie où nous sommes, cette sphère s'est ouverte, cette étroitesse s'est élargie, cette impériosité s'est rendue docile. En 1670, une période nouvelle commence pour lui, qui restreint, en quelque façon, ou modère le développement purement mystique de son intelligence. L'influence du milieu érudit fait pénétrer en lui des éléments nouveaux. Dans quelle mesure il se les assimile, jusqu'à quel point il profite de cette initiation, c'est ce que vont nous montrer les divers ouvrages qu'il fit, soit au cours du préceptorat, soit dans les premières années qui suivirent.

CHAPITRE VI

LES INFLUENCES PROFANES DANS LA PHILOSOPHIE ET LA POLITIQUE DE BOSSUET

Où ces influences agissent le moins, assurément — quoiqu'elles y soient encore, nous allons le voir, très sensibles, — c'est dans les ouvrages de philosophie et dans le manuel de politique composés par Bossuet en vue de l'instruction du Dauphin.

I

Pour être un philosophe, ce qui fait défaut à Bossuet, c'est, tout d'abord, le propos délibéré d'appliquer à la science de l'être en général et de l'homme moral en particulier la raison seule, et rien que les moyens de connaissance qu'elle admet. A cet égard, il y a un abîme entre lui et ce Descartes ou ce Leibniz, qui séparent si rigoureusement leur philosophie de leur foi, par un dédoublement d'eux-mêmes assez peu logique peut-être, mais dont il y a, de notre temps même où il est devenu plus malaisé, des exemples.

Ce qui manque aussi à Bossuet, c'est la sympathie pour les belles ambitions de la raison pure, c'est la croyance à l'utilité, la confiance en l'efficacité de la curiosité humaine en ces matières. En quoi il se distingue, non plus seulement de laïques comme Descartes ou Leibniz, mais encore de prêtres comme Malebranche, — ce Malebranche qui ne se prive pas pourtant, lui non plus, de faire entrer sa foi dans sa philosophie, mais qui, du moins, à partir du jour où la lecture de Descartes l'a comme inondé d'une lumière nouvelle, s'est épris de cette méthode merveilleuse qui lui paraît devoir ouvrir « un chemin sûr » vers toutes les vérités « qu'un entendement limité peut comprendre ». — Cet enthousiasme, Bossuet ne le connaît pas. Il ne pouvait guère le connaître, dans la disposition où nous l'avons vu s'établir par la réflexion, après y avoir été acheminé par la nature, à chercher et à trouver dans l'enceinte du christianisme la réponse à tout. Les questions que la philosophie se pose étant toutes résolues d'avance par la religion, c'était en philosophie surtout qu'il devait le moins éprouver le besoin de sortir de la prison sacrée où sa ferveur de croyant l'engageait à s'enfermer. Il accepte donc la philosophie, sans l'aimer. Malebranche déclarait gravement que « la liberté de philosopher est un droit naturel, comme celui de respirer, et qu'elle ne doit point être ôtée aux hommes ». Bossuet se serait aisément consolé qu'on la leur ôtât.

D'autant plus que, cette foi de Bossuet, il faut

entendre précisément, à l'époque de son développement intellectuel où nous sommes parvenus, à quel point elle était parvenue elle-même. Qu'on ne se figure pas que, pour lui, *foi* implique *lumière* : tout au contraire. Qui dit foi, dit obscurité. Il est bien des cas où « toute la vue » de la foi « semble réduite à *bien voir qu'on ne voit rien* ». « Quand on dit que l'âme *voit* Dieu par la foi, c'est dire *qu'elle ne le voit pas.* » Et cette foi qui n'est, en somme, que l'acceptation courageuse des ténèbres, n'a même pas de cette abnégation une conscience certaine. « Je crois : c'est plutôt en nous un effort pour produire un si grand acte qu'une certitude absolue de l'avoir produit. » La croyance n'est plus, pour lui, qu'un acte de la volonté.

De la volonté et de l'amour. Ce sacrifice de l'esprit, « dompté » sous la contrainte du vouloir, Bossuet, comme Pascal, ressent le besoin de le réhabiliter, en toute dernière analyse, par un élan d'amour. « Il faut mettre notre foi dans le sentiment », écrivait l'auteur des *Pensées* : Bossuet s'exprime à peu près de même. « La seule voie qui mène à Dieu, c'est l'amour », — un amour qui non seulement n'est pas gêné par les mystères ardus, mais qui, au contraire, voit, en leur énormité même, la preuve qu'il existe chez Dieu, pour l'homme, cette tendresse dont l'âme aimante sent chez elle, en petit, la merveilleuse puissance, — Pascal disait : les effets « effroyables ». — Tel est l'état de Bossuet; état de sereine assurance très précieux, sans doute, à un homme d'action, mais très contraire à l'esprit philosophique, qui est tourment et angoisse, comme il est obstination et témérité. Cette substitution à l'activité curieuse de la tendresse aveugle et de la confiance passive est aussi peu propre à la construction qu'à la critique. Cette dictature du cœur évoquant à lui tous les problèmes coupe court à la recherche.

Et c'est ce qui arrive pour Bossuet. Son mysticisme, qu'il porte partout avec lui, lui fait non pas esquiver les problèmes — il les marque au contraire, quand il les aperçoit, avec une grande franchise, — mais se dérober aux hypothèses, se résigner trop tôt à l'ignorance, se contenter trop aisément de ces formules de synthèse conciliatrice qui laissent les difficultés entières et ne résolvent rien. J'imagine que si Malebranche connut le traité du *Libre arbitre*, où la solution que Bossuet adopte pour accorder la liberté humaine avec la prescience et la toute-puissance divine « détruit », en somme, « d'un côté ce qu'elle maintient de l'autre[1] », le subtil oratorien dut avoir, pour cet « obscur » et pacifique « thomisme » du prélat, tenant les yeux fermés « les deux bouts de la chaîne », les mêmes ironies que Taine pour l'éclectisme de Victor Cousin.

Voilà, quand on parle de « Bossuet philosophe », les réserves indispensables à faire. Mais une fois faites, rien n'empêche de constater que, si bien fermée que fût cette philosophie, principalement et essentiellement chrétienne, les influences profanes, antiques ou modernes, n'ont pas laissé pourtant que de s'y glisser.

1. Jules Simon.

En ceci premièrement qu'aux guides ordinaires de sa pensée, à ceux dont, à la rigueur, il aurait pu se contenter — les Pères, saint Augustin, saint Thomas, — Bossuet a consenti à joindre, d'abord, Platon et Aristote. Et ce dernier d'autant plus volontiers qu'il y découvre des preuves nouvelles de cette idée — qui lui est chère, — que la nature intelligente cherche invinciblement le bonheur, et qu'elle en a le droit.

Puis c'est à Descartes qu'il ouvre, ou, si l'on veut, qu'il entr'ouvre la porte. Car on pense bien qu'il y met des restrictions. Sur plusieurs points, son spiritualisme, positif autant que chrétien, proteste. Il se défie de cet idéalisme, si hardi à creuser un fossé entre nos perceptions et la réalité. Il maintient que « toutes nos idées ont un objet réel et véritable ». Il réagit contre la tendance de Descartes à réduire l'âme à la seule pensée, comme la matière à la seule étendue.

Néanmoins les emprunts qu'il consent à faire à Descartes sont d'importance. Il répète, après lui, fortement, que « la vraie règle de bien juger est de ne juger que quand on voit clair ». Il admet donc le doute méthodique. Mais ce qu'il prend surtout, et ce qu'il est notable qu'il prenne à Descartes, c'est le fait de mettre à la base de la philosophie l'observation de soi-même, et c'est le goût de cette psychologie fondamentale. Goût tout à fait en harmonie, sans doute, avec les tendances de la société et de la littérature contemporaines, mais combien contraire à la méthode scolastique, au plan des études d'alors, à la hiérarchie traditionnelle des sciences, et qui menait logiquement à combien d'innovations graves! On ne saurait, pourtant, là-dessus, être plus net que Bossuet : l'étude de l'homme, déclare-t-il,

> C'est la recherche la plus solide, la plus utile qu'on se puisse proposer, la plus *aisée* aussi et la plus sérieuse.... Pour devenir parfait philosophe, *l'homme n'a besoin d'étudier autre chose que lui-même.*

Inutile donc de « feuilleter tant de livres, de faire de pénibles recueils de ce qu'ont dit les philosophes ». Pour un peu, Bossuet irait, ici, aussi loin que Malebranche, jusqu'au mépris de toutes éruditions. Et notez que le cartésianisme, à l'heure où Bossuet lui ménage, dans sa philosophie, une si large place, n'est point triomphant. C'est en 1675 que le roi a interdit aux pères de l'Oratoire d'enseigner « la philosophie de M. Descartes » ; c'est en 1680 qu'à l'Assemblée du Clergé le jésuite Valois a dénoncé, sans que personne réclamât, Descartes et ses sectateurs comme des complices de ce Calvin dont on est alors en train d'exterminer la secte. L'assentiment, encore que mesuré, de Bossuet à la nouvelle école n'était pas dénué de courage.

C'est aussi pour les sciences de la nature qu'il a, en ce temps de sa vie, des complaisances manifestes. Toute une partie du *Traité de la Connaissance de Dieu et de soi-même* est consacrée à la description du corps humain et de l'union de l'âme et du corps, — ce que faisant, du reste, Bossuet suit plus fidèlement l'exemple de Descartes, si passionnément médecin, que ses disciples, si exclusivement psychologues. — Mais de plus, cette description du corps humain par Bossuet, n'est pas du tout le beau discours, sonore et vague, sur les merveilles de la finalité, que vous craignez instinctivement chez un théologien orateur. Des erreurs, certes, il y en a, — celles du temps. — Mais Bossuet connaît aussi et enregistre les découvertes les plus récentes : celles de Pecquet sur le « réservoir » du chyle et sur le conduit par où il se déverse directement dans la veine sous-clavière ; — celles de Stenon, confirmées à l'Académie des Sciences en 1678 par les observations de Du Verney, sur les muscles considérés comme les ressorts essentiels du mouvement[1]. Puis nous voyons, ici encore, Bossuet montrer un très honorable souci de l'observation et de l'expérience. Défiant des conjectures de pur raisonnement, soigneusement il les distingue des conclusions solides de « ceux qui ont fait des dissections », qui ont ouvert des animaux vivants, qui ont étudié à l'aide des microscopes. Les explications, alors acceptées, de la chaleur vivifiante du sang ne le satisfont qu'à moitié, et sans faire de lui un précurseur de la physiologie moderne, il est au moins permis d'observer avec quelle insistance il s'étonne du nombre « incroyable » de choses auxquelles la *respiration* est utile, « rafraîchissant », comme elle fait, non seulement le cœur, mais le sang, « entraînant et poussant au dehors les fumées que sa chaleur excite ».

De même peu de spiritualistes ont pris leur parti aussi bravement que lui de l'influence de la matière sur l'esprit. Tout en proclamant la puissance de la volonté, il s'en faut qu'il aille ici jusqu'à dire, comme

1. Carus, *Histoire de la Zoologie.*

dans l'oraison funèbre, qu' « une grande âme est toujours maîtresse du corps qu'elle anime ». Ce qu'il sait bien, au contraire, c'est que « le pouvoir de l'âme sur le corps a ses limites, et afin que l'on commande en effet, il faut toujours supposer que le corps soit en bon état ». Quant à la dépendance où est l'intelligence à l'égard des organes, il fait de plus fortes concessions encore à la doctrine dite sensualiste. Non content d'avouer que le souvenir dépend intimement de la disposition du cerveau, il observe que le cerveau produit spontanément le souvenir, sans la permission de l'âme. Il admet sans chicaner, que « l'âme ne pense et ne connaît pas sans le corps », même lorsqu'il s'agit de choses incorporelles, « comme de Dieu et de ses perfections ». Il confesse, parce que l'*expérience* le fait voir, qu' « il se mêle toujours ou presque toujours aux opérations de l'esprit, même les plus sublimes et les plus raffinées, quelque chose de sensible ».

Serait-ce donc que ce philosophe malgré lui, ce mystique obligé par les circonstances de faire de la philosophie, aurait pu, s'il eût continué, tomber dans le positivisme par crainte de la métaphysique? Il serait téméraire de l'affirmer : notons pourtant que, même en ces sermons où le chrétien militant qu'il est malmène si rudement la raison, il semble qu'il sépare de la « vaine dialectique », les « connaissances humaines », et que pour elles il se fasse plus doux. Si l'on pouvait creuser jusqu'au fond l'histoire des âmes, qui sait s'il n'apparaîtrait pas plus de distance entre Bossuet et Malebranche ou Leibniz, qu'entre Bossuet et Locke ou Auguste Comte même?

II

La *Politique*, du moins dans les six premiers livres, qui seuls appartiennent au temps du préceptorat, offre le même mélange, et parfois non moins disparate, des sentiments purement religieux du Bossuet de la première époque, et des idées nouvelles que son séjour à la cour et ses études profanes lui insinuaient.

Son dessein de tirer des livres saints toute une politique est assurément sincère. Ce dessein, plus d'un théologien l'avait eu avant lui, mais Bossuet n'avait pas besoin des exemples de Marquez et de Saavedra, de Menocchio et de Contzen. Sa conception de la suffisance universelle du christianisme l'amenait forcément à demander à la Bible des maximes de gouvernement. Dieu, qui a donné aux hommes « des décisions pour tous les états », n'a pas pu négliger « celui d'où dépendent tous les autres ». Et certes, ce que Bossuet parvient à faire rendre de ces « décisions » aux textes sacrés, est étonnant. Il utilise, avec une présence d'esprit continuelle, les plus petits détails, et les moins connus, du récit biblique.

Mais il faut bien avouer, d'abord, que dans cet art de « *manier les Écritures* » (le mot est de lui), il y a quelque artifice, ou, si l'on veut, quelque inconsciente illusion. Des exemples, Bossuet sait en découvrir dans la Bible d'innombrables et de tout à fait imprévus; mais que ce soit là qu'il ait puisé les idées que ces exemples appuient, le bon sens seul dit qu'il n'en est rien. Avec la meilleure volonté du monde, pouvait-on trouver le système — que Bossuet décrit — du gouvernement centralisateur d'un grand pays moderne, dans l'histoire de ce petit peuple juif, assez barbare, ramassé en un étroit espace, morcelé en tribus, et dont l'organisation resta toujours plus féodale que monarchique? La thèse qu'il soutient de la supériorité de la forme royale sur toutes les autres formes de gouvernement est en contradiction avec cette Bible d'où il prétend la tirer. Le Pentateuque devait lui montrer, au contraire, que le premier ordre établi par Dieu dans son peuple avait été une « espèce de république » ; et le Livre de Samuel, que l'établissement de la monarchie en Israël avait été le châtiment d'Israël.

Aussi bien, dans sa *Politique*, Bossuet tire-t-il parti d'enseignements tout autres que ceux de l'Histoire sainte.

De ceux, en premier lieu, que lui présentait la réalité contemporaine. Assurément quand il dépeint le Prince idéal — majestueux, magnanime, énergique, laborieux, discret, — c'est le portrait de Louis XIV qu'il fait beaucoup plus que celui de David ou de Salomon, et nombre de passages de la *Politique* réveillent le souvenir des renseignements précis que La Fare et Choisy, Dangeau et Sourches, Spanheim et les ambassadeurs vénitiens, La Bruyère et Saint-Simon nous donnent sur le « grand roi ». Mais c'est surtout quand Bossuet décrit les procédés de ce gouvernement puissant, ayant des yeux et des mains partout, déterrant l'intrigue et poursuivant impitoyablement l'insubordination et l'indépendance, mais jaloux aussi d'accroître la richesse et le bonheur public; — c'est alors surtout qu'on sent chez lui l'impression directe et vive de cette imposante machine, désormais parfaite, de la centralisation monarchique, qu'il put voir fonctionner, de près, entre 1670 et 1680. Et lorsque, vers la fin de cette partie de la *Politique*, Bossuet célèbre ce grand spectacle : « un peuple immense réuni en une seule personne, une raison secrète renfermée dans une seule tête et gouvernant tout le corps de l'État », ce n'est pas, trop évidemment, Israël ou Juda, c'est la France de 1680 qu'il contemple, et avec d'autant plus d'enthousiasme qu'il avait vu et déploré la France de 1648.

Ce dont la *Politique* porte aussi la trace, c'est des connaissances d'histoire, antique ou moderne, que Bossuet, à ce moment de sa vie, rafraîchit ou acquiert; c'est du commerce qu'il noue ou renoue avec les penseurs de Rome et d'Athènes. Voyez au livre premier de la *Politique*, qui supporte d'être comparé au début du grand ouvrage de Montesquieu, les belles définitions de cette Loi « où les lumières les plus pures de la raison sont recueillies », de cette Loi « sans intérêt et sans passion », dont la froideur abstraite est la garantie immuable de la justice : — ce n'est pas David, ni Ézéchiel, ni même Job qui lui fournissent ces hautes idées, encore que les citations encadrées dans le texte nous invitent à le croire. A plus forte raison, quand Bossuet invoque Isaïe pour faire voir le danger de changements trop fréquents dans ces lois protectrices de l'ordre, on pense bien qu'Isaïe n'a pas autre chose en vue que le pacte d'alliance entre Israël et Jéhovah et qu'il se soucie fort peu du droit public des nations. Celui dont en tous ces passages Bossuet s'inspire, c'est Aristote.

Mais voici maintenant une autre source profane — toute moderne, celle-là, et assez inattendue — de la *Politique sacrée*. Bossuet, soit par les cartésiens ou les gassendistes qui l'entourent, soit par les diplomates, entend parler d'un philosophe anglais, grand ami du P. Mersenne et de Sorbière, et qui, à ce moment, est en grande faveur à la cour de Charles II : Hobbes. Il lit le *Citoyen*, le *Léviathan* : on les trouve, en plusieurs éditions, dans sa bibliothèque. Il se sent flatté dans son gallicanisme par cet Anglais, qui, comme lui alors, voit un grand danger pour la société chrétienne dans l'omnipotence du Saint-Siège ; il admire, chez ce protestant, ce sentiment que ses sympathies jansénistes croissantes lui inspirent si fort à lui-même : la défiance irritée de la nature déchue et irremédiablement perverse. Et c'est cela, surtout, qu'il lui prend dans sa *Politique*.

Avec des tempéraments, il est vrai. Il adoucit et atténue les violences pessimistes du philosophe anglais par beaucoup de charité chrétienne. Il introduit — avec plus d'habileté, du reste, que de logique — dans la brutalité de ce système de despotisme l'amour fraternel que l'Évangile impose aux chrétiens, comme le grand et unique précepte, « sans que les rois soient exempts de cette loi ». Et de même qu'il essaie de corriger le pouvoir absolu du prince par la bonté et la compassion, de même il tente de mettre dans l'obéissance des sujets autre chose que la crainte servile. Il voudrait que les peuples vissent dans le souverain, à côté de l'homme établi par un décret mystérieux pour dominer sur eux, l'incarnation de cette patrie, « mère et nourrice commune, qui nous a portés vivants et qui nous recevra morts dans son sein... ». Mais cela n'empêche pas qu'au revers de ces pages trempées d'une évangélique onction, on ne se heurte à des affirmations singulièrement différentes : nécessité d'un pouvoir écrasant, invincible, capable de mettre un frein efficace et perpétuel aux passions des individus et des foules, d'un pouvoir « absolu » que Bossuet distingue sans doute du pouvoir « arbitraire », mais que pourtant, jusque sous cette dernière forme, avouée par lui « odieuse », il n'ose pas condamner; — soumission, absolue aussi et sans réserve, de la nation au prince, quelque méchant et injuste qu'il puisse être, en vertu du pacte originel par lequel, dans les temps primitifs, les hommes pour vivre en paix se sont dépouillés de la maîtrise d'eux-mêmes; — légitimité de l'esclavage et du droit de conquête; — refus à l'individu de tout droit, fût-ce du droit de propriété, du droit même de vivre, à moins que le souverain ne consente à restituer par grâce à ses « sujets » ces droits qu'il a ramassés en lui et que lui seul il possède.... Ces maximes « odieuses », c'étaient celles-là même que le raisonnement impitoyable de l'auteur anglais avait tirées de sa mystique théorie de l'égoïsme et de la férocité inhérents à la nature humaine et persistant en elle aussi bien sous la civilisation que dans la barbarie primitive; et c'est presque littéralement que Bossuet les lui emprunte; — sans paraître, d'ailleurs, se douter que cette abdication totale des sujets entre les mains du souverain ne s'accorde guère avec ses propres idées sur la liberté morale de l'homme et du chrétien, sur la dignité qu'elle confère, sur les devoirs qu'elle impose [1]; — sans s'apercevoir, non plus, que le fait d'affranchir le souverain de tout frein humain n'était guère conciliable avec les aveux que sa psychologie de prêtre lui avait dictés naguère dans la chaire sur l'enivrement inévitable et si pernicieux de la toute-puissance.

Heureusement qu'à son modèle anglais, il semble que Bossuet ait pris d'autres choses meilleures que cette imprudente glorification du pouvoir despotique et de la servitude aveugle. Par exemple [2], cet esprit sagement *conservateur* [3] dont sa *Politique* est animée, — cette préoccupation pratique des moyens les plus propres à assurer la permanence et le jeu facile des institutions, parce qu' « à une chose aussi nécessaire

1. On a remarqué avec raison (Frank, *Réformateurs et Publicistes au XVIIe siècle*) qu'il est difficile de concilier cette proposition (la 2e de l'art. II du liv. VI) de la *Politique* : « Il n'y a qu'une exception à l'obéissance qu'on doit au prince, c'est quand il commande contre Dieu », avec ces deux autres que « le caractère royal est saint et sacré même dans les princes infidèles » et que le prince a le droit d'user de rigueur en matière de religion.

2. Voir G. Lanson, *Bossuet*, chap. v.

3. Tellement conservateur, même, que Bossuet approuve au fond toutes les formes de gouvernement : « Chaque peuple doit suivre comme un ordre divin le gouvernement établi dans son pays, parce que Dieu est un Dieu de paix, *et qui veut la tranquillité des choses humaines*.... Dieu prend sous sa protection tous les gouvernements légitimes en quelque forme qu'ils soient établis ; qui entreprend de les renverser n'est pas seulement un ennemi public, mais encore un ennemi de Dieu » *Polit.*, liv. II. 12e, proposition.

que le gouvernement parmi les hommes, il faut donner l'ordre qui roule le mieux tout seul » ; — et aussi ce conseil, répété au prince, de borner son pouvoir absolu par la considération de son intérêt propre à lui-même. Enfin, ne vient-elle pas à Bossuet de Hobbes plus que d'Aristote, l'idée générale que « l'intérêt » est à l'origine même de tout gouvernement? De cette idée-là, il est imbu, et il l'exprime à chaque page, avec une conviction naïve, en oubliant ici encore que cet utilitarisme politique cadre mal soit avec ce respect quasi dévot qu'il exige du peuple pour le prince, soit surtout, avec la doctrine française du « droit divin ». Assurément les « légistes » payés par Colbert l'eussent désavouée avec scandale comme une espèce de sacrilège.

Mais si Bossuet accepte docilement cette influence du philosophe anglais qui en plusieurs points s'accommodait assez peu avec son système, c'est sans doute parce qu'au fond elle répondait tout de même à une tendance intime et ancienne de sa nature : — à cette défiance du rêve, de l'utopie, de la métaphysique, à cette complaisance pour le réel, le pratique, l'utile, que nous avons dès l'abord observée dans sa jeune piété, alors qu'elle s'autorisait hardiment de ce désir de bonheur que tout, dans la nature humaine, fait paraître. — Et si l'on considère que les conclusions où nous ramène l'étude de la politique de Bossuet sont celles où nous menait, il n'y a qu'un instant, l'étude de sa philosophie, ne sera-t-on pas tenté de se figurer Bossuet, à cette époque de sa vie, comme une manière de positiviste chrétien?

CHAPITRE VII

BOSSUET HISTORIEN. — BOSSUET ÉCRIVAIN

Ces concessions de Bossuet à la pensée et à la science profane sont encore plus sensibles dans les deux ouvrages d'histoire composés par lui pour le Dauphin : l'*Histoire de France* — qui, bien que publiée sous le nom du Dauphin, appartient pour le fond au maître qui la dicta et la revit ; — et le *Discours sur l'Histoire universelle*.

Non qu'il faille surfaire la valeur de ces deux ouvrages. L'origine et l'intention pédagogique en ont été trop souvent oubliées. Le *Discours* lui-même n'est que la récapitulation d'un cours d'histoire, en même temps qu'une leçon d'apologétique catholique. N'ayons pas pour Bossuet l'ambition qu'il n'eut pas.

Ne dissimulons pas non plus les imperfections de ces écrits. Dans l'*Histoire universelle*, il ne se pouvait qu'il n'y eût beaucoup d'erreurs, dont les plus graves ne sont pas ces confusions de noms, ces inexactitudes de date, fautes vénielles que les plus grands historiens ont commises. Ce qu'il est permis de regretter davantage, ce sont les hypothèses hasardeuses, — par exemple dans la concordance que Bossuet établit parfois d'autorité, à sa guise, entre l'histoire profane et l'histoire sainte ; — ce sont les lacunes, parmi lesquelles l'omission complète de la Chine et de l'Inde n'est pas la plus critiquable — ayant, comme nous le verrons, une assez solide excuse ; — mais on comprend beaucoup plus mal l'oubli des Phéniciens, l'oubli des arts de la Grèce, l'ajournement de Mahomet et des Arabes à « un autre discours ». Il y a enfin, dans le choix des auteurs, des crédulités fâcheuses, comme de se fier, sur le compte de Cyrus, au roman de Xénophon. Et que l'on ne dise point que ces fautes sont excusables « pour le temps ». C'est précisément l'affaire des grands hommes d'avoir plus de clairvoyance que le commun.

Mais après ces restrictions nécessaires, il faut reconnaître tout ce qu'il y avait, dans ces deux livres, de méritoire, de nouveau et de durable.

I

Notez, premièrement, que Bossuet recourt constamment aux « sources ». Il a lu et « extrait » maint chroniqueur du moyen âge. De ceux qui n'étaient pas publiés, mais dont on savait l'intérêt, il a fait prendre des copies. Il étudie le XVIe siècle dans Claude de Seyssel, les Du Bellay, Jean d'Auton, Jean de Saint-Gelais, Guichardin ; il raconte Louis IX d'après Joinville, Guillaume de Nangis, Guiart et Puylaurens. Presque pas de trace dans son récit des auteurs de seconde main. Il a ignoré, systématiquement, Mézeray. Ce qu'il ne trouve pas dans les témoins contemporains, il n'en dit rien. C'est qu'il n'aime pas les « historiettes » ni à « donner pour certain ce qui ne l'est pas ». Et c'est apparemment ce qui l'empêche — et même un peu trop — de parler de l'Extrême-Orient. Les renseignements sûrs manquaient encore plus au XVIIe siècle que de nos jours, sur ces pays mystérieux. A peine si l'on avait les relations des missionnaires. Les *Lettres historiques et édifiantes* n'ont commencé de paraître qu'en 1702.

Avec ce souci d'une information de première main, signalons encore, en maints endroits de l'*Histoire universelle* et de l'*Histoire de France*, ce discernement des choses remarquables du passé qui fait vraiment l'historien. Bossuet n'est pas de ces narrateurs comme il y en eut tant en France depuis le XVIe siècle jusqu'au commencement du XIXe, dont les yeux ne s'accrochaient à rien dans le spectacle des choses d'autrefois, et qui, voyant l'histoire toujours pareille à elle-même, étaient condamnés par cette vision vague et indistincte à la travestir sans s'en douter. Il a la faculté de s'étonner. Et il s'étonne où il faut. Accordons, tant qu'on voudra, qu'il y a beaucoup de complaisance ou de naïveté dans ce qu'il raconte des Égyptiens d'après les bavardages de Diodore, mais il n'a pas tort, cependant, d'être frappé, comme il l'est, de cette intelligence toujours « tournée aux choses utiles ». Il ne se trompe pas, non plus, d'insister sur cet esprit conservateur, si profond qu' « une coutume nouvelle était en Égypte un prodige », et que « tout s'y faisait toujours de même ». Il est bien inspiré de s'attarder, dix pages durant, aux monuments de l'Égypte. Ajoutant aux récits des anciens ceux des missionnaires dont Thévenot venait de publier les voyages, il caractérise judicieusement ces ouvrages d'architecture « faits pour tenir contre le temps, qui visaient au grand et à frapper de loin les yeux, mais toujours en les contentant par la justesse des proportions », sans chercher *le surprenant et le nouveau ailleurs que dans la variété infinie de la nature*. Et il convie Louis XIV à faire des fouilles dans cette Égypte que Leibniz, dans le même temps, conseillait au roi de France de conquérir.

On n'est pas moins surpris d'entendre parler de la démocratie grecque ce catholique monarchiste en train d'écrire la *Politique sacrée* :

> *[Leur] idée de [la] liberté... était admirable.* La liberté que se figuraient les Grecs était une liberté soumise à la loi, c'est-à-dire à la raison même reconnue par tout le peuple. *Ils ne voulaient pas que les hommes eussent du pouvoir parmi eux.* Les magistrats, redoutés durant le temps de leur ministère, redevenaient des particuliers qui ne gardaient d'autorité qu'autant que leur en donnait leur expérience. C'était [la loi] qui établissait les magistrats, qui en réglait le pouvoir et qui enfin châtiait leur mauvaise administration.... Les citoyens s'affectionnaient d'autant plus à leur pays qu'ils le conduisaient en commun, et que chaque particulier pouvait parvenir aux premiers honneurs.

Après cela, que Bossuet fasse des réserves sur quelques-unes de ces opinions, peut-être, dit-il, « plus spécieuses que solides », peu importe. Il n'en reste pas moins qu'il a eu, un instant, la vision lucide, impartiale, affectueuse, des sentiments qui firent la grandeur de la cité antique.

Quant à Rome, on s'étonne moins qu'il professe pour elle la tendresse filiale qu'ont éprouvée pour elle tous les esprits français classiques, depuis Montaigne et Corneille jusqu'à Montesquieu et Rousseau, jusqu'à Michelet et Fustel de Coulanges. C'est avec joie que dans l'*Histoire universelle* Bossuet y arrive, comme Boileau dans son *Art poétique* à Malherbe :

> Nous sommes *enfin* venus à ce grand empire, d'où sont sortis les plus grands royaumes du monde, dont nous respectons encore les lois, et que nous devons [le] mieux connaître ; [à ce peuple], de tous les peuples du monde le plus fier et le plus hardi, le plus réglé dans ses conseils, le plus constant dans ses maximes, le plus avisé, le plus laborieux, le plus patient.

Il ne chante pas, du reste, à la gloire de Rome un hymne vague. Dans ce vaste ensemble de l'établissement romain, son admiration s'adresse tout juste aux bons endroits. Montesquieu, quand il essaiera d'appliquer à l'étude de la grandeur romaine les procédés de l'analyse philosophique, ne pourra faire autrement que de répéter Bossuet.

Voici enfin, dans ces ouvrages faits pour le Dauphin, et en dépit de leur destination modeste et de leur caractère élémentaire, un dernier et plus grand mérite : la liberté d'examen, que Bossuet porte, malgré sa foi, dans l'histoire.

Déjà, dans l'*Histoire de France*, antérieure probablement au *Discours sur l'Histoire universelle*, elle est sensible. Rien de moins « clérical » que les déclarations de Bossuet sur nombre de ces questions délicates où l'esprit de parti et le zèle de la « bonne cause » ont si souvent produit de dévots mensonges. Les éloges de Grégoire de Tours pour Clovis n'empêchent point Bossuet de réprouver son inhumanité. Quand il touche aux rapports de la monarchie française avec le Saint-Siège, il en parle sans tendances ultramontaines, cela va sans dire, mais aussi sans les préventions gallicanes, et, ne trouvant pas trace dans les textes de la Pragmatique Sanction attribuée à saint Louis, il n'en dit mot. Il juge sévèrement Marie Stuart. Il flétrit la Saint-Barthélemy. Et jamais Coligny, « ce Français jusqu'au fond du cœur », n'a été plus magnifiquement loué, de l'aveu des protestants, que par Bossuet; jamais le crime de sa mort n'a été raconté avec plus de sévérité émue qu'il ne le fut par cet évêque au fils de Louis XIV.

Quant au *Discours sur l'Histoire universelle*, c'est de plus curieuse façon que s'y manifeste cette espèce d'affranchissement de l'esprit de Bossuet. C'est en ceci, que la conception mystique d'une providence réglant en vue du christianisme futur tous les événements du monde antique, est loin d'avoir sur la méthode de Bossuet l'influence fâcheuse que l'on pourrait craindre.

Sans doute, au commencement et à la fin de son livre et de chacune des parties de son livre, il pose le principe de l'action perpétuelle et au fond seule réelle, selon lui, de Dieu; — mais dans l'intervalle, prudemment, il n'use point de ce Dieu dont il pouvait disposer à son aise. Loin de faire intervenir fréquemment les insondables résolutions de la sagesse divine, c'est à peine si, deux ou trois fois, il y fait appel. Partout ailleurs, c'est dans les choses humaines qu'il cherche l'explication des choses humaines; dans ce qui précède, la cause de ce qui a suivi; dans les « incidents particuliers », la cause des grands événements. De l'organisation spéciale de chaque état, il déduit les conséquences distinctes qui *devaient* en découler. Il attribue à telles idées répandues dans les nations grecque et romaine les destinées que ces nations ont eues. Il insiste sur le système d'éducation romain parce que, de ce système, certains résultats, *naturellement* et *nécessairement*, s'ensuivaient.

C'est que, dans ces années d'étude de 1670 à 1680, il a découvert, parmi les historiens anciens, un homme admirable : Polybe, qui par son observation rigoureuse des faits de l'histoire grecque, carthaginoise et romaine, a pu *prédire*, prophétiser, ce qui devait advenir plus tard de ces États. Frappé de tant de clairvoyance, Bossuet, non seulement s'efforce, avec succès, d'imiter la belle méthode de ce « grand homme », mais encore son loyal bon sens tire de cet exemple instructif la doctrine historique qui convient. Lui qui, dans le *Discours* même, proclame avec la magnifique assurance des *Oraisons funèbres*, que « Dieu fait servir les rois et les royaumes, dans le temps qu'il a résolu », à ses desseins secrets sur son Église; lui qui tient tant à inculquer profondément à son élève l'habitude de « rapporter les choses humaines aux ordres de cette sagesse dont ils dépendent », laquelle se joue des calculs humains, — il déclare tout aussi fortement que cette même sagesse a voulu

Que le cours des choses humaines eût sa *suite*...; les hommes et les nations ont eu des qualités proportionnées à l'élévation à laquelle ils étaient destinés, et à la réserve de certains coups extraordinaires, où Dieu voulait que sa main parût toute seule, *il n'est point arrivé de changement qui n'ait eu sa cause dans les siècles précédents.* — (Et dès lors) la vraie science de l'histoire est de remarquer dans chaque temps ces secrètes dispositions qui ont préparé les grands changements et les conjonctures importantes qui les ont fait arriver.

Comment, à présent, ces déclarations si différentes s'allient-elles? Comment ce déterminisme inspiré de Polybe peut-il faire bon ménage avec ce fatalisme qui procède de saint Augustin? Assurément il y a là un problème que Bossuet ne s'est pas plus préoccupé de résoudre que le problème, corrélatif du reste, de l'accord du libre arbitre humain avec la grâce divine. Ce qu'il y a de sûr, c'est qu'à cette date nous voyons cette grande intelligence, qui a connu, comme tout le monde, les inconséquences heureuses, loger en elle à côté de la foi religieuse une dose notable de foi scientifique.

II

Les ouvrages de controverse composés par Bossuet contre les protestants immédiatement au sortir de son préceptorat ne montrent pas moins à quel point avait été puissante sur lui l'impression des idées de science auxquelles il venait de s'initier.

A introduire l'histoire dans la controverse, sa controverse même, nous l'avons vu, le conduisait. Et après la conférence avec Claude, il fallait encore essayer de convaincre le protestantisme que l'autorité, logiquement indispensable à toute religion, apparaissait dans l'Église catholique présente, tandis qu'elle ne se marquait point dans les Églises de la Réforme.

La première partie de cette démonstration avait été, on le sait, assumée par Nicole et Arnauld touchant le dogme de « la présence réelle ». Mais leur effort pour montrer que, sur ces matières, la foi de l'Église n'avait jamais varié depuis les apôtres, témoignait de plus de vaillance que d'enthousiasme. Combien ils eussent préféré, cela se voit, ces jansénistes cartésiens, traiter les choses par le raisonnement! Comme ils méprisent, tout bas, et parfois tout haut, ces « recherches de critique, partage des petits esprits! »

Bossuet, lorsqu'en 1682, dans le *Traité de la communion sous les deux espèces*, il aborde à son tour cette même matière, commence bien par tomber dans le même défaut. Mais il advint heureusement que deux ministres protestants s'en prirent à son traité, deux « vigoureux attaquants » qui ne lui passaient rien. Il se pique d'honneur alors, et voulant répliquer à ses critiques, il ne « plaint plus aucun travail », et *déterre* à son tour toutes les antiquités. C'est sa méthode, surtout, qu'il surveille. On ne l'y prendra plus de se fier à ce cardinal Baronius, dont ses adversaires lui ont mis sous les yeux des contradictions flagrantes! « A nous de ne déférer à ses sentiments qu'autant que nous les trouverons soutenus par de bonnes raisons. » Gardons-nous bien aussi, puisqu'il faut à présent faire sérieusement de l'histoire, des habitudes de la controverse d'école. Loyauté, avant tout : « ne pas prendre sur ses adversaires de faux avantages, ne rien assurer au delà de ce dont on est sûr. » Point de ces affirmations conjecturales, de ces généralisations frivoles, qui ne coûtent rien aux ergoteurs dont tout l'amour-propre est de ne jamais lâcher pied. C'est de « rendre témoignage à la vérité » qu'il s'agit, et non pas de « remporter la victoire » à tout prix. Et, chose étrange, cette contrainte minutieuse n'est pas si déplaisante que les MM. de Port-Royal ont l'air de la trouver. Ce labeur est « *agréable* » : Bossuet s'y plaît à présent et s'en glorifie. Tant pis si la belle ordonnance du livre doit souffrir de l'abondance des détails menus : « Je ne veux rien oublier, dussé-je devenir ennuyeux ». Cette *Défense du traité de la communion sous les deux espèces* est bien curieuse : confidence ingénue d'un théologien orateur en train de faire son apprentissage d'érudit.

Il pouvait, après cela, passer à des besognes plus ardues. Il pouvait entreprendre de prouver aux protestants, par l'histoire, que leurs églises schismatiques portaient évidemment les marques d'églises « mauvaises et fausses », et, en particulier, celle-ci — qui, de leur propre aveu, était révélatrice de l'erreur, — l'inconstance, la *variation*. Cela, Nicole aussi l'avait essayé déjà, mais toujours en esquivant la discussion des faits pour se réfugier dans les « préjugés légitimes », dans les procès de tendances et d'idées, ou, quand il revenait au positif, avec une connaissance médiocre de cette histoire moderne que Bossuet, précepteur du Dauphin, avait déjà si consciencieusement étudiée.

Il s'en faut pourtant que dans l'*Histoire des*

variations des églises protestantes, Bossuet reste sur son fonds de professeur. Pendant les quatre ans environ, peut-être plus, qu'il consacre à partir de 1680, à élaborer ce grand ouvrage, il se « documente » aussi largement qu'il était possible de son temps à un Français ignorant des langues étrangères, et ne pouvant consulter que les ouvrages traduits : inconvénient léger, du reste, vu le nombre très petit des livres savants, même du XVIIe siècle, qui, surtout en Allemagne, n'étaient pas écrits en latin. Sans compter que, lorsque ses lectures lui révèlent qu'un texte en langue étrangère lui est indispensable, Bossuet se le fait traduire. Obrecht, magistrat de Strasbourg, et lord Perth, l'abbé Renaudot et Leibniz lui rendent, à plusieurs reprises, ce service.

Quant à ce qu'il peut lire, il le lit lui-même. N'oublions pas que, même aujourd'hui, les historiens, parfois, se déchargent de ce soin, faute de temps sans doute. Jadis, encore davantage, faute de patience. On avait des secrétaires ou des copistes. On travaillait sur leurs « extraits ». Bossuet, moins grand seigneur, tient les livres dans ses mains et les lit de ses yeux. Presque toujours, il prend ses notes lui-même. On peut voir encore, au séminaire de Meaux, les énormes cahiers de notes, autographes, attestant qu'il a « dépouillé », d'un bout à l'autre — non pas, notez-le, comme cela se fait souvent, à l'aide d'une table des matières, mais page par page — plusieurs tomes des éditions in-f° de Luther, plusieurs ouvrages de Calvin, de Melanchthon, d'Hospinien, d'Érasme, et de vingt autres. Et les copies qu'il en a faites, il les souligne, les annote, les résume.

Les textes imprimés ne lui suffisent pas. Il demande aux manuscrits des suppléments d'information. Les bibliothécaires du Roi et ses propres amis de la province ou de l'étranger sont, plus d'une fois, à cet effet, mis à contribution par lui. Plusieurs assertions de l'*Histoire des Variations* reposent sur des documents encore inédits à l'heure qu'il est (enquêtes sur les Vaudois de Pragelas, procès-verbaux de synodes provinciaux du XVIe siècle).

Dans l'emploi qu'il fait de ces documents, sa correction est irréprochable. A une époque où de citer ses sources passait pour une manie d'antiquaire ou un pédantisme de chicaneur, Bossuet s'astreint exactement à cette pratique. Quatre-vingt-dix-neuf fois sur cent, ses citations comme ses renvois se vérifient, et les adversaires qui ont épluché son livre sont obligés de l'avouer. Ce qu'il a cité de seconde main, il le contrôle. Comprenant que sa démonstration serait vaine s'il allait chercher les preuves des changements du Protestantisme chez des auteurs récusables, il s'impose de n'admettre jamais que des auteurs « non suspects » aux protestants, et de s'appuyer aussi souvent que possible, ou sur les décrets authentiques et officiels sortis des assemblées solennelles de la Réforme, ou, au moins, sur les écrits médités et avoués des grands docteurs chez qui la Réforme ne peut méconnaître les interprètes autorisés de sa pensée authentique. Il évite autant qu'il peut les documents de second rang, les historiens déjà si nombreux alors. Il les trie avec une méticuleuse prudence, parfois même avec un excès de scrupule, se retranchant rigoureusement tous ceux — Pallavicin, Davila, Mézeray, Varillas — que le soupçon de partialité ou d'insuffisance scientifique risquerait de disqualifier.

Enfin il ne se borne pas à colliger des documents, même choisis, et à aligner des textes, même indiscutables. Il sait s'en servir. Il les scrute, il les secoue, il les fouille. Il n'a pas la superstition du témoignage; il a, au contraire, cette irrévérence, cette défiance toujours en éveil que les plus grands historiens, notre Fustel, par exemple, recommandent comme le commencement et la fin de la sagesse historique. Il examine l'authenticité, cherche la date, pèse la valeur des textes, compare les dires. Il veut presque toujours, pour le même fait, plusieurs garants. Il a soin de demander à chacun de ses auteurs les renseignements particuliers que cet auteur était le plus à même de fournir avec compétence. Quand les témoignages se combattent, il institue des confrontations et des enquêtes dont quelques-unes — celle par exemple qu'il fait sur l'assassinat du duc François de Guise — sont des modèles.

Naturellement cette méthode rigoureuse porte fruit. Elle mène Bossuet à de vraies découvertes. On lui doit la résurrection de Melanchthon, que les narrateurs du XVIIe siècle, attirés par de plus bruyants acteurs et de plus voyantes figures, négligeaient, et qui s'en allait à l'oubli. Rien de mieux vu que le portrait qu'il fait de ce sage spéculatif dépaysé parmi les violents, humaniste que

Luther a d'abord conquis par le charme d'une éloquence nouvelle, et qui, ensuite, quand des discours on a passé aux actes, souffre en son goût autant qu'en sa conscience, et se traîne, toujours « pleurant et gémissant », à la suite d'un chef impérieux.

De même Bossuet établit, le premier, touchant les Albigeois et les Vaudois, la thèse moderne de l'histoire. Démêlant à travers les dénominations imprécises ou les anathèmes violents des chroniques monacales les assertions qui se rapportent aux uns et aux autres, il discerne deux sectes, montre dans les Vaudois des hétérodoxes anodins, moralistes plus que doctrinaux, peu différents des grands ordres mystiques nés de la piété inquiète du Moyen Age; et dans les Albigeois, au contraire, des hérétiques fieffés, héritiers de la théologie manichéenne, et assez radicaux dans leur antichristianisme pour qu'on s'explique à la fois les étrangetés de leur organisation clandestine et le fanatisme haineux des croisades dont ils furent l'objet. Et voici bien dans cette étude, menée avec une précision subtile, la preuve du sentiment qui anime Bossuet en sa besogne savante. Notez qu'un examen approfondi de ces Albigeois et de ces Vaudois, qui ne font point partie de l'histoire de la Réforme, n'était pas le moins du monde indispensable. Oui, mais c'est qu'il est piqué par cette question, obscure même pour les catholiques d'alors, des « Réformés avant la Réforme ». Les mystères du passé ont un attrait pour l'historien. Bossuet a connu cet attrait-là, et il y cède.

On voit la conclusion où cela nous mène. Atténuons-la, cette conclusion, par toutes les restrictions que réclame l'exacte vérité. Accordons que l'excellente méthode observée par Bossuet n'est nullement impeccable; que ses erreurs ne sont pas toujours de ces fautes légères dont aucune œuvre de longue haleine n'est exempte; qu'il fait volontiers des suppositions hasardeuses — comme celle de l'origine orientale des Albigeois, — des conclusions outrepassant les faits — comme sa thèse erronée de l'autorisation officielle de la guerre civile par les synodes protestants de France.

Avouons encore qu'il n'a pas su s'affranchir toujours, en dépeignant les Réformateurs du XVIe siècle, des préjugés français du XVIIe. Ainsi, quand il parle de Luther, dont la vie, le style, les façons le choquent. Est-ce un réformateur, est-ce un docteur, est-ce même un « spirituel » que ce gros homme vulgaire, dont la parole descendit jusqu'à des grossièretés « qu'on n'entend sortir que de la bouche des plus vils artisans », et qui discutait, à table, en buvant largement, des choses les plus graves et les plus saintes? Bossuet s'indigne, avec une insistance qui nous semble aujourd'hui inintelligente. Nous ne l'excuserions pas en alléguant que même les protestants français du XVIIe siècle partageaient ces répugnances; que toute la société polie de ce temps se faisait des conditions extérieures de la piété une idée singulièrement étroite, ombrageuse et gourmée : on nous dirait avec raison que c'est précisément à éviter ces préventions ambiantes que le talent de l'historien consiste.

Enfin et surtout confessons que l'*Histoire des Variations* ne donne pas l'impression de l'histoire

« désintéressée ». L'auteur est partial; il a jugé d'avance; il ne s'en cache point :

D'aller faire le neutre et l'indifférent à cause que j'écris une histoire, ou de dissimuler ce que je suis quand tout le monde le sait et que j'en fais gloire, ce serait faire au lecteur une illusion trop grossière.

Et ce catholique en outre est un prêtre, et militant, et controversiste, ayant à ce titre, des devoirs dont il se souvient, et dont il tient qu'on se souvienne. Il donne la place très large à côté de la narration des faits à l'appréciation de ces faits, à côté de l'histoire des idées à la discussion de ces idées. Il ne prétend pas faire « un récit sec et décharné des variations des réformés »; il veut que « leurs disputes, leurs contradictions et leurs équivoques rendent témoignage à la vérité catholique ». Il se mépriserait d'affecter en ces matières, d'où dépend « le salut des âmes », une froideur que sa conscience jugerait criminelle.

Or de ce dessein religieux résultent forcément des outrances ou des étroitesses. — L'aveu de la décadence de l'Église catholique et romaine depuis le Moyen Age jusqu'en 1518 et de la nécessité d'une réforme ne l'empêche pas de tonner contre ceux qui l'ont voulu faire. — L'hommage honnête qu'il rend à la valeur morale de certains hérétiques ne le retient pas d'affirmer, l'instant d'après, que cette vertu était au fond, « un piège de Satan pour prendre les âmes ». Puis — et sans doute c'est son droit, c'est même son devoir d'historien, — il insiste sur les dérèglements de mœurs ou sur les intrigues d'ambition et de jalousie qui ont pu, qui ont dû influer sur les conseils et sur la conduite des Réformateurs; et, ce faisant, il ne descend assurément nulle part aux calomnies ou aux racontars des pamphlétaires de bas étage; — mais dans cette psychologie, légitime et nécessaire, il ne porte point la méticulosité et surtout la placidité d'esprit qu'elle réclame; surtout il n'y porte point, comme il faudrait, une indulgence toute prête à chercher dans les circonstances l'excuse ou tout au moins l'explication atténuante des faiblesses des hommes historiques. Là même où il a raison — et c'est le cas sur Luther, sur Calvin, sur Henri VIII, sur Cranmer, — il a trop raison. Il insiste trop sur le mal, trop peu sur le bien. Il ne se contente pas de décrire, il flétrit. Il gâte le fond d'un jugement vrai par la forme du réquisitoire, de l'anathème.

Toutefois — et c'est ici qu'il en faut venir si l'on ne veut pas se payer de mots, — cette influence de la passion n'est-elle pas inévitable, universelle, éternelle? Qu'on nous montre l'extraordinaire historien dont l'âme fut vide de toute pensée, nue (comme disaient les mystiques) de tout sentiment autre que l'amour de la vérité? Il serait temps, peut-être, d'en finir avec ce rêve chimérique du sophiste Lucien, repris par Fénelon, d'un narrateur « sans passion, sans patrie », sans idées propres d'aucune sorte, que nul n'a jamais vu même en ce XIXe siècle français où l'histoire a pris une conscience plus nette de ses devoirs et s'est rangée à la contrainte de méthodes sévères. L'historien est un homme. Et puisque les préventions diverses — politiques, philosophiques, religieuses, ou simplement systématiques — d'Augustin Thierry, de Guizot, de Tocqueville, de Michelet, de Taine, de Fustel de Coulanges ne nous empêchent pas de saluer en eux de grands historiens, la préoccupation catholique et le dessein controversiste de Bossuet ne doivent pas nous empêcher de lui donner parmi les historiens une place. Non pas au premier rang. L'histoire ne fut qu'un épisode en sa vie; et la maîtrise, là comme ailleurs, ne s'obtient pas du premier coup. Mais ce qu'il faut reconnaître dans l'*Histoire des Variations*, c'est une preuve merveilleuse de ce que peut, avec le génie, le bon vouloir; c'est, de la part d'un homme qui n'était un érudit ni de métier ni d'intention, une œuvre, originale et solide encore aujourd'hui, de recherche largement scientifique.

III

Avant de voir comment se dissiperont chez Bossuet les effets de cette acclimatation érudite dont cette histoire du protestantisme est le chef-d'œuvre, il est bon de dire un mot de la forme littéraire où s'exprime sa pensée ainsi enrichie. D'autant que le style de ses livres, dans cette époque de sa vie, est, lui aussi, un effet du mélange heureux de la science avec la religion.

La Bible et les Pères s'y font, bien entendu, toujours sentir [1]. La lecture, jamais abandonnée, des Pères orientaux est toujours, pour ce prosateur d'un

1. Cf. Le P. de La Broise, *Bossuet et la Bible*.

siècle éminemment raisonnable mais un peu sec et froid, une source de chaleur précieuse, et l'Ancien Testament continue de faire circuler dans sa prudente noblesse quelques souffles de cette poésie asiatique qui animait les premiers sermons. Autant que toutes les *Oraisons funèbres*, depuis celle d'Henriette de France jusqu'à celle du prince de Condé, l'*Histoire des Variations*, les *Avertissements aux protestants*, les *Méditations sur l'Évangile* et les *Élévations sur les mystères* offrent des exemples d'un éclat de couleur, d'une hardiesse de métaphores et d'hyperboles que les disciples de Vaugelas trouvaient peut-être, tout bas, un peu outrée, et dont Boileau eût été gêné de justifier le sublime incorrect.

Mais à l'influence de cet exotisme sacré vient s'ajouter celle des maîtres de l'antiquité profane et classique, dont maintenant Bossuet étudie attentivement, nous l'avons vu, l'art d'écrire. Ce que lui enseignent d'abord les Cicéron et les Platon, c'est une composition plus libre d'allures que le plan scolastique, plus variée, où le développement suit sa voie sans raideur, ne perd pas de vue les thèses proposées, mais ne se cramponne point à elles, et accommode la démonstration moins aux pensées de l'écrivain qu'aux besoins présumés du lecteur [1]. Tel est, par exemple, ce plan de l'*Histoire des Variations*, où Bossuet, pour mettre en lumière le perpétuel changement de la Réforme, tantôt suit la marche même des faits, tantôt détache tel ou tel dogme dont il étudie à part les destinées, allie

1. Nisard, *Hist. de la Littérature française*.

l'ordre logique à l'ordre chronologique, s'écarte même et s'attarde dans des digressions plutôt utiles qu'indispensables sans que l'unité du livre en soit cependant altérée.

Le vocabulaire de Bossuet se ressent aussi de cette fréquentation à nouveau des Anciens. Comme les grands écrivains de Rome, ces méridionaux, il use abondamment de l'adjectif, qui arrondit la phrase parlée, qui, dans la phrase écrite, ajoute la couleur au dessin, et qui, surtout, choisi topiquement, apporte à la pensée des précisions de renfort. Et quant à ces noms et à ces verbes que la grammaire idéaliste et logique du XVIIe siècle tendait de plus en plus à émacier, en déterminant avec rigueur l'acception très précise et très exclusive de chacun, Bossuet les remplit, les nourrit, leur infuse plus de substance et de chair en les employant au sens probable du latin par un procédé dont les puristes pouvaient censurer la hardiesse, mais non pas contester la légalité.

Surtout c'est sa phrase qui s'inspire de la phrase latine, si commode, si logeable à la pensée. Sans aller jusqu'à l'inversion, Bossuet, à l'exemple des Latins, multiplie les incidentes, les subordonnées, les appositions, et à chaque instant, même dans ses ouvrages les moins oratoires, reviennent sous sa plume ces périodes, où l'idée principale ne s'avance que précédée de ses antécédents explicatifs, accompagnée de ses circonstances, suivie de ses conséquences et conclusions, si bien que dans ce corps complexe et massif, chaque argument enserre et accable le lecteur avec une force que cette succession enchaînée et cette cohésion décuplent.

Ce qui n'est pas à dire pourtant que, comme on est trop porté à le croire, la période soit le moule perpétuel de l'argumentation de Bossuet. Ouvrez le *Discours sur l'Histoire universelle* : plus d'une fois, vous croiriez lire du Montesquieu, tant abondent les petites phrases courtes, concises, coupantes.

C'est qu'en effet, ce style n'est point uniforme. Il a la variété [1], dirai-je des grands artistes écrivains? Non, car il ne faut à aucun prix donner l'idée d'un styliste. — Bossuet, quand il aurait eu le goût de l'être, n'en aurait jamais eu le temps. — Aussi bien, cette variété est-elle moins chez lui une variété de formes, comme chez La Bruyère, que de ton, comme chez La Fontaine ou chez Mme de Sévigné. C'est la variété des grands écrivains d'instinct, et qui vient de ce que chez eux la parole est toujours en accord exact et immédiat avec le sentiment présent qu'elle suit en ses moindres nuances. Sauf de rares exceptions, plus fréquentes dans l'Oraison funèbre d'Henriette de France que dans celle de Condé, dans le *Discours sur l'Histoire universelle* que dans l'*Histoire des Variations* ou les *Avertissements*, Bossuet, quand les idées s'abaissent, baisse le ton. Dans sa correspondance d'abord : et cela irait sans le dire, si l'on ne s'était pas plu à faire à Bossuet une légende de sublime à jet continu. Quand il veut faire savoir à la sœur Cornuau qu'il a oublié sa lettre sur son bureau, Bossuet dit, tout comme un autre : « J'ai oublié sur mon bureau votre lettre. » Mais même

1. « La variété, sans laquelle nul agrément », dit Bossuet lui-même (*Sur le style et la lecture des Écrivains et des Pères de l'Église*, 1669-1670).

dans ses ouvrages publics, dans ses livres étudiés, Bossuet est simple où il faut, et ni le tour modeste, ni le mot humble ne lui coûtent. Pas même, parfois, le mot familier, trivial, dont Bouhours, ou même Arnauld, eussent rougi. Dans l'oraison funèbre d'Anne de Gonzague, il y a une « étable » et une « poule ». Et de même que cette pompe admet la simplicité, cette force grave admet l'ironie. Jusque dans l'*Histoire des Variations* on peut relever quelques mots amusants, ne fût-ce que cette épigramme contre le réformateur Bucer, qui « s'était marié *comme les autres*, et même », puisqu'il eut trois femmes, « *plus que les autres* ». Quand il rencontre dans la polémique des choses ridicules, il n'hésite pas à les souligner d'un commentaire railleur; et sa phrase alors s'allège et sourit, non pas, bien entendu, jusqu'à ressembler à Voltaire, mais à Bayle du moins, ou à Fontenelle.

Cependant, n'exagérons rien. Oui, le style de Bossuet, ce n'est pas toujours : « Celui qui règne dans les cieux et de qui relèvent tous les empires... ». Ce n'est pas toujours la fanfare et la draperie. Mais il est juste de dire que même où il n'y a point la pompe, il y a encore l'éloquence. Là même où son bon sens sait s'abstenir des grands mots, des grandes phrases, sous les mots, très communs, sous la phrase, très simple, quelque chose frémit ou gronde. Et l'orateur s'entend, prêt à percer et à s'échapper. C'est que, d'abord, on ne se défait point de sa nature, et nous avons vu, et nous verrons encore que Bossuet appartient à cette famille d'intelligences pour qui la parole orale est le moyen préféré d'expression. C'est qu'ensuite, il y a la servitude indélébile, l'ineffaçable pli du premier métier, qui fut pour Bossuet, vingt ans durant, la prédication. C'est qu'enfin et surtout Bossuet, quand il écrit, n'est pas moins prédicateur, missionnaire, controversiste, que quand il parle. Dans la vaste collection de ses ouvrages il n'y en a pas un seul, je l'ai dit, où il ait écrit pour écrire; pas un seul où il se soit diverti et amusé, en dilettante, à des objets séculiers ou légers, comme Fléchier dans les *Grands Jours d'Auvergne*, ou Fénelon dans la *Lettre à l'Académie* et le *Télémaque*; mais qui plus est, il n'y en a pas un seul où il ait écrit d'une façon calme, sereine, en prenant le loisir d'exposer d'une façon didactique et abstraite le résultat de ses méditations ou de ses recherches. Toujours il a eu la hantise d'un but à atteindre, but précis, prochain, passionnément poursuivi. Toujours il a eu à prouver ou à démolir quelque thèse. Cette préoccupation de polémique ou de propagande, qui ne le quitte pas, voilà ce qui explique la permanence, qu'il faut reconnaître, dans son style, de l'accent oratoire.

CHAPITRE VIII

RUPTURE AVEC L'EXÉGÈSE ET LA PHILOSOPHIE. LA QUERELLE GALLICANE

I

Jusque vers 1688, c'est par son cours tranquille que l'histoire de Bossuet est belle. Le développement logique s'en poursuit sans heurt et sans recul. Les accidents extérieurs, loin de contrarier les tendances maîtresses de sa nature, y collaborent. Ses controverses de 1670 à 1688 avec les protestants sont en somme des succès, et l'on vient de voir avec quelle facilité clémente, de 1670 à 1680, son mysticisme s'ouvre à l'érudition ambiante, l'admet et, pour ainsi dire, la fond en lui. L'aisance de cette heureuse expansion fait aussi la modération qu'il y garde. N'étant point menacé, il n'exagère rien, et il recueille les fruits de ce « bon sens », de cette sagesse conciliatrice à laquelle, d'ailleurs, le portait sa nature. Admiré, respecté des Jansénistes, qui prisent en lui un défenseur déclaré de la morale sévère et de la théologie de saint Augustin, il n'est point ennemi des Jésuites, qui reconnaissent son orthodoxie pacifique. Gallican, il est en bons termes avec Rome. Considéré par les « personnes de piété », il l'est aussi par les « honnêtes gens » d'esprit large. Aux philosophes et aux savants, il apparaît comme le représentant d'une religion intelligente, et, au demeurant, assez ouverte aux souffles du dehors; aux protestants, comme l'ambassadeur d'une réunion possible; à tous, comme le plus digne docteur d'un catholicisme très français.

Mais vers 1690 environ, le spectacle change. Le « milieu » favorable, soumis, flatteur même jusqu'alors pour Bossuet, lui devient indifférent ou hostile. Toute sorte d'ennemis accourent miner ou battre en brèche, à peine achevé, l'édifice qu'il a bâti sans trouble : non seulement, les adversaires habituels, les Samaritains toujours aux portes — les protestants, — mais des catholiques; et, dans la grande armée dont Bossuet pouvait se croire le chef, des dissidences, plus ou moins hardies, toujours graves, se manifestent. Et c'est de toutes parts qu'on l'assaille : en théologie, en métaphysique, en politique, en morale. Enfin, les faits politiques eux-mêmes se mettent de la partie. Aux objections spéculatives contre ses théories, l'histoire contemporaine ajoute maint obstacle à ses desseins, maintes désillusions à ses rêves.

Devant cette coalition des idées et des choses, Bossuet, étonné sans doute, et affligé, et irrité, ne plie point, cependant. Ce que nous allons voir à présent, c'est avec quelle vigueur inlassable il défend et étaye son monument, fait face — quinze années durant — aux attaques répétées ou continues, successives ou simultanées, des assiégeants les plus divers; mais avec quels dommages aussi, nous le verrons, et, lors même qu'il est matériellement le plus fort, avec quel déchet de sa pensée, obligée soit à des concessions, soit à des désaveux, soit, le plus souvent, à des outrances qui la gâtent.

II

Déjà avant 1690, cette lutte avait commencé. Le premier démêlé de Bossuet avec Richard Simon est de 1678.

Bossuet a raconté lui-même plus tard cette apparition dans sa vie de l'homme qui devait en être la dernière angoisse. C'était au mois d'avril, un peu avant Pâques. Une *Histoire critique de l'Ancien Testament* par un érudit oratorien, protégé du P. de la Chaise et de l'archevêque de Paris, allait paraître, « dans quatre jours, revêtue de toutes les marques de l'approbation et de l'autorité publiques ». Un ami la signale à Bossuet et lui envoie au plus vite l'index et la préface. « C'était un amas d'impiétés et le rempart du libertinage. » En hâte, « le propre jour du jeudi saint », l'évêque de Condom porte le tout au chancelier Le Tellier. « Après un très exact examen, que je fis avec les censeurs, M. de La Reynie eut ordre de brûler tous les exemplaires, au nombre de douze ou quinze cents. »

On voudrait croire que cette brutale exécution dont un religieux irréprochable à tous égards était la victime, souleva l'indignation des contemporains, comme elle soulève la nôtre. Mais alors, la suppression d'un livre était une aventure ordinaire, qu'autorisaient à la fois les principes du droit civil et ceux du droit ecclésiastique. Y avait-il du reste, en l'espèce, une erreur grossière dans cet acte d'intolérance de Bossuet? La sympathie qui s'attache maintenant, même chez les catholiques, au nom et à l'œuvre de Richard Simon, ne doit pas nous empêcher de comprendre sa rigueur. Pour cela, il suffit presque de nous rappeler ce que la Bible était pour lui depuis le jour où, adolescent dévot, il l'avait découverte. C'était son aliment quotidien, c'était vraiment pour lui « le livre » par excellence, et qui « ne tombait jamais de ses mains ». Mais comment le lisait-il et comment voulait-il qu'on le lût? Il l'a répété plus d'une fois. « Les endroits clairs sont les plus beaux » : l'on a assez à faire d'en « pénétrer le sens » et d'en nourrir son esprit et son cœur; il ne faut point se mettre en peine des obscurs; il faut croire que ceux-ci ne contiennent pas d'autres vérités que ceux-là », et si l'on essaie de les élucider, il convient de n'y mettre nulle obstination, car le dessein de Dieu est que la foi soit une épreuve. Or voilà que Richard Simon traitait le texte privilégié sans plus d'égards qu'un texte ordinaire, avec une curiosité indiscrète, opiniâtre, sacrilège, qui prétendait tout scruter et tout éclaircir! Cet esprit d'irrespect révolte peut-être plus Bossuet que les assertions mêmes où il menait Richard Simon.

Encore que certaines d'entre elles dussent aussi lui paraître bien dures. Celle-ci, entre autres, que « Moïse ne peut être l'auteur de tout ce qui se trouve dans les livres qui portent son nom ». Car que devenait alors le canon des Écritures? Que devenait, avec cette théorie d'un Esdras pieusement faussaire, la doctrine de l' « inspiration » des rédacteurs de l'Ancien Testament? Que devenait, dans la démolition du Pentateuque, cette « suite » des deux Testaments à laquelle Bossuet consacrait en ce moment même toute la seconde partie du *Discours sur l'Histoire universelle*? Et ne risquait-elle pas ainsi de s'évanouir, cette preuve des « prophéties », qu'après Pascal il considérait comme « le fondement principal de la religion »? On conçoit que devant de telles perspectives, Bossuet, ému, ait pu s'imaginer comme un « socinien déguisé » le novateur dont l'esprit purement érudit et critique les avait dédaignées s'il ne les avait pas aperçues, et qu'il lui imputât « un sourd dessein de saper » les bases du christianisme.

Et pourtant, cette exégèse scientifique, dont la hardiesse l'effrayait, il ne laissait pas que de l'encourager, en ce moment même, dans une certaine mesure. Il avait entrepris en 1673 un vaste commentaire de l'Écriture Sainte, et bien qu'il n'y portât point de prétentions érudites, encore se proposait-il d'y *résoudre les difficultés*, d'y *fixer le sens propre et littéral* du texte sacré ; et il n'avait pas craint d'appeler les hébraïsants, les philologues, les « critiques » à cette œuvre. Lui-même, du reste, quand dans ses ouvrages théologiques il avait à discuter des passages importants de l'Écriture, il ne se contentait pas de la Vulgate : il consultait le grec, et parfois même l'hébreu. Mais surtout c'était par ses principes théologiques qu'il semblait autoriser l'exégèse. Un mois à peine avant d'écraser Richard Simon, n'avait-il pas, discutant avec Claude, proclamé (ainsi d'ailleurs qu'avant lui, plusieurs grands controversistes catholiques) que les protestants se trompaient lourdement de fonder leur foi sur l'Écriture et d'en appeler, comme au « juge des controverses », à cette parole sacrée qui se laisse « *expliquer et manier comme on veut* » ? On pouvait légitimement interpréter cette déclaration comme une sorte d'abandon de la Bible aux disputes des savants. Enfin sa conception de la « tradition » avait, à ce point de vue, les mêmes conséquences logiques. Si cet héritage d'idées non écrites que se sont transmis, d'âge en âge, les chefs de l'Église et les générations des fidèles, avait l'importance qu'il disait, ne s'ensuivait-il pas que l'Église pouvait voir d'un œil tranquille le travail de l'exégèse érudite sur ces livres saints, qui n'étaient pas du tout sa principale ressource, et ne devait-elle pas laisser aux protestants, pour qui l'Écriture était tout, le ridicule d'en diviniser jusqu'aux points et virgules?

Donc, quelque sincère que fût l'irritation de Bossuet contre Richard Simon, elle n'allait pas sans une espèce d'inconséquence qui n'échappait assurément ni à sa conscience ni à son bon sens. De là sans doute les pourparlers qu'une fois l'exécution de l'*Histoire critique* consommée, Bossuet poursuivit, longtemps encore, avec un auteur où, à quelques égards, il aurait pu voir un allié. Ce qu'il constatait en tout cas, dans cette première aventure, c'était l'inconvénient du crédit qu'il était alors disposé à donner à la science, c'était le redoutable parti que des imprudents ou des malintentionnés pouvaient tirer d'elle en la mêlant à la religion. De ces fâcheuses surprises, la philosophie de Malebranche allait lui donner un autre exemple.

III

Le succès, qui date de 1680 environ, du penseur oratorien, fut une forme de la revanche triomphale de cette « philosophie nouvelle » si longtemps combattue par la scolastique et l'orthodoxie coalisées. A une société très préoccupée des problèmes religieux, Malebranche présentait, dans sa métaphysique toute baignée de piété, l'alliance toujours rêvée de la raison et de la foi. Aux gens du monde, si fort épris de psychologie, il présentait un cartésianisme moraliste, bien plus accessible, en apparence au moins, que celui des *Principia* ou même du *Discours de la méthode*. Le style, aussi, du disciple, était singulièrement plus avenant que celui du maître : les marquises moins vaillantes que Mme de Grignan trouvaient mieux leur compte dans cette fluidité, limpide et subtile à la fois, de Malebranche, que dans la solidité enchevêtrée de Descartes. Qui sait même si la personne toute discrète, toute charmante, de ce religieux pensif, qui après avoir balayé le réfectoire du couvent, montait dans sa cellule pour y converser, volets fermés, avec les Idées éternelles, ne contribuait pas à attirer vers lui cette élite de seigneurs « délicats », de jeunes gens et de femmes savantes, enthousiasmés comme d'une révélation?

A Bossuet, au contraire, même au moment où, précepteur du Dauphin, il sacrifiait à la philosophie, ce néo-cartésianisme ne devait guère sourire. La première chose qui, dans ce Malebranche, avait chance de lui déplaire, c'était, j'imagine, son sans-façon à l'égard de l'antiquité : Bossuet devait souffrir de lui voir malmener si rudement ce Tertullien, l'un des premiers maîtres de sa propre pensée. Puis, il y avait cette hypothèse de la « vision en Dieu », née, chez Malebranche, d'une salutaire défiance des sens et d'un sentiment très juste du problème de la « perception extérieure ». Cette défiance, Bossuet ne l'eut jamais. Ce problème ne l'embarrassait point. Dans cette partie de la *Connaissance de Dieu* où il constate les rapports du physique et du moral, il n'avait pas poussé jusqu'à se demander *comment* l'esprit connaît la matière. Bonnement et sans peine, il avait admis que toute sensation correspond à un objet réel. Qu'était-ce que ce paradoxal sophiste qui déclarait si « difficile de prouver qu'il y a des corps qui répondent à nos idées »?

Il ne manifesta, toutefois, ses répugnances qu'après le *Traité de la nature et de la grâce* publié par Malebranche en 1680. *Nova, mira, falsa* : — « cela est nouveau, c'est étrange, c'est faux », — inscrivait-il, à ce que l'on prétend, avec colère, à toutes les pages. L'assemblée de 1682 vint à propos pour le détourner de développer en quelque philippique ces menaçantes interjections. Du moins il se fit suppléer, poussa le vieil Arnauld, toujours sur pied, le jeune Fénelon, en quête de se distinguer pour l'Église, à réfuter ces propositions « mal sentantes » touchant la nature des idées ou la toute-puissance de Dieu.

Eut-on l'imprudence de rappeler son attention sur des théories qu'il n'avait pas eu le temps d'approfondir? Les fervents disciples ont souvent la propagande indiscrète. Ce qu'il y a de sûr, c'est qu'au commencement de 1687, dès que l'*Histoire des Variations* est sous la presse, Bossuet revient à Malebranche. Il se fait donner, pour être mieux instruit, par un des savants, admirateurs de l'oratorien, un précis de sa doctrine. Et, l'ayant étudié, il écrit à cet « ami du P. Malebranche » une longue lettre, pleine de feu, d'émotion, parfois d'ironie, mais intéressante pour nous principalement en ce qu'elle nous révèle cet état d'esprit que les circonstances vont installer en lui jusqu'à la fin de sa vie : l'aperception clairvoyante et l'angoisse de dangers inattendus, d'entreprises menaçantes pour le christianisme tel qu'il l'avait compris, tel qu'il aurait voulu l'imposer à toutes les consciences.

Et d'abord, que son correspondant sache bien qu'on a sérieusement examiné ses raisons. « Vous autres, messieurs, lorsqu'on vous presse, vous n'avez rien tant à la bouche que cette réponse : *On ne nous entend pas.* » « On vous entend autant que vous êtes intelligible », et l'on entend bien que la prétention du P. Malebranche, d' « appuyer par la raison les dogmes que l'Église nous propose », le précipite en d'étranges témérités. Qu'est-ce que cette explication du Déluge « par la suite nécessaire des causes naturelles, sans faire réflexion qu'il ôte ainsi aux miracles leur caractère merveilleux! » Au reste si ces conclusions sont scandaleuses, c'est que la méthode est mauvaise, toute cartésienne qu'elle est :

> Sous prétexte qu'il ne faut admettre que ce qu'on entend clairement — ce qui, réduit à de certaines bornes, est très véritable, — chacun se donne à présent la liberté de dire : J'entends ceci et je n'entends pas cela; et, sur ce fondement on approuve ou on rejette tout ce qu'on veut.

Et avec cette effrénée liberté de penser que suscite l'école nouvelle, combien d'autres symptômes inquiétants elle offre à un œil perspicace! Sans aller plus loin, qu'est-ce que cette exaltation du maître lui-même par ses disciples? Véritable « patriarche » qu'ils adorent en sectaires, enivrés de ses pensées, éblouis de ses belles expressions. Or cet engouement, Bossuet se souvient avec horreur de l'avoir rencontré bien souvent chez les ennemis de l'Église, naguère encore chez ces protestants dans le commerce desquels il vient, plusieurs années, de vivre. « Ne vous vantez point de vos savants adeptes : la physique et l'algèbre ne font pas qu'on soit capable de prendre un parti » en religion. « Ce succès » mondain et scientifique « dont vous paraissez si satisfait me fait peur. Car c'est l'appât de la nouveauté qui plaît »; or la nouveauté, c'est l'hérésie. L'hérétique, après tout, n'est qu'un homme « qui, ayant une opinion particulière », s'y entête comme vous, et comme vous la préfère au « sentiment commun ».

> Ces mots vous étonnent peut-être. Je ne les dis pas en l'air. Je parle sous les yeux de Dieu.

L'auteur de la *Recherche de la Vérité* ne devait, on le sait, ni justifier ces prédictions sinistres, ni, comme Bossuet l'y conviait, renoncer à des spéculations si scabreuses. Une entrevue, longtemps réclamée par l'évêque, ne fit aucun effet sur le doux philosophe. « Vous voulez donc, mon Père, que j'écrive contre vous? » s'écria, en finissant, Bossuet. Malebranche répondit simplement : « Vous me ferez beaucoup d'honneur ».

En revanche, cette expérience directe des dangers de la philosophie produisit sur la pensée intime de Bossuet un grand effet. Si son téméraire ami ne changea point, ce fut lui qui changea. Dans son *Discours sur l'Histoire universelle*, il avait, on s'en souvient, accordé sans scrupule à l'activité libre de l'homme une part de responsabilité assez large dans la production et l'enchaînement des événements humains. Mais voici que très habilement les disciples de Malebranche se faisaient forts de ces concessions pour confirmer leur théorie sur les « lois générales de l'être », lois que Dieu était obligé de respecter, et dont le jeu rationnel et fatal pouvait produire, par lui-même, beaucoup de choses « qui n'entraient qu'indirectement, pour ainsi dire, dans les desseins de la Providence ». Bossuet s'effraie d'avoir paru autoriser cette doctrine sacrilège. Non, il n'a jamais prétendu limiter par je ne sais quel imprévu la liberté de Dieu : dès l'oraison funèbre, qu'il prononce en 1683, de la reine Marie-Thérèse, il saisit ou fait naître l'occasion d'affirmer son « mépris » pour « ces philosophes qui mesurent les conseils de Dieu à leurs pensées ».

Ce qui, à partir de ce moment, se modifie aussi chez Bossuet, c'est son attitude à l'égard de ce cartésianisme dont il avait pu paraître un des patrons.

Il est vrai qu'il lit non plus seulement Malebranche, mais Spinoza ; — il avait même connu l'*Éthique*[1] en manuscrit et avant sa publication. — Il savait donc où le cartésianisme mène ; que de ses principes, quand on les entend mal, « plus d'une hérésie » peut naître ; et que, sous le nom d'une doctrine « dont l'Église a pu, un temps, espérer quelque fruit », c'est visiblement « *un grand combat qui se prépare contre l'Église* ». Désormais, sans renier complètement Descartes, Bossuet prend un soin jaloux de définir le peu qu'il croit lui devoir et qu'il en approuve. Cette maxime de l'évidence indispensable, dont on fait si grand bruit et qu'il avait lui-même adoptée, il la corrige à présent :

Outre nos idées claires et distinctes, il y en a de confuses et de générales qui ne laissent pas que d'enfermer des vérités si essentielles qu'on renverserait tout en les niant.

Certes, Descartes a dit « contre les athées et les libertins des choses utiles ; mais je les ai trouvées dans Platon, dans saint Augustin, dans saint Anselme, quelques-unes mêmes dans saint Thomas ». Et pour ce qui est des opinions de cet auteur dans la physique et autres matières de cette nature », elles sont indifférentes : l'auteur de la *Connaissance de Dieu et de soi-même* en viendra à déclarer avec dédain qu'il croirait « au-dessous du caractère d'un évêque de prendre parti sérieusement *sur de telles choses* ».

1. F. Brunetière, *Études critiques*, t. V, p. 74-75.

C'est qu'en effet, sous ces inquiétudes que Malebranche a été l'un des premiers à lui causer, Bossuet retourne peu à peu à ses préjugés de jeunesse contre les sciences, contre la raison. Puisqu'il est impossible à l'homme de se borner, de se tenir sur l'étroite arête de la justesse, la piété mystique est donc fondée dans son hostilité défiante contre cette philosophie qui fait trop aisément glisser vers les abîmes. Si, en 1693, il consent encore à s'avouer « aussi favorable aux nouveautés de pure philosophie qu'ennemi des nouveautés qui ont rapport à la foi », c'est que la chaude parole de Leibniz, lui traçant, dans un magnifique tableau (lettre du 18 avril 1692), sa conception du monde et de l'être, a réveillé en lui le penseur curieux et hospitalier. Mais ce n'est qu'une lueur. Les belles paroles que l'on vient de lire sont en philosophie le testament de sa maturité libérale. L'année suivante, dans le *Traité de la concupiscence*, passant en revue toutes les vanités misérables dont l'orgueil humain s'amuse et se dupe, il mettra au dernier rang la philosophie, parce que, non « soumise à la révélation, elle n'engendre que des superbes et des incrédules ». L'équilibre et le commerce discret que la modération de Bossuet avait réussi quelque temps à établir entre la raison et la foi était rompu.

IV

Vers le même temps encore, c'est la politique de Louis XIV qui avait commencé de l'engager en de cruels embarras.

Depuis 1661, les mauvais rapports du roi très chrétien avec la cour de Rome étaient allés en s'aigrissant jusqu'à cette affaire de la *régale*, doublement grave, car il s'y agissait d'abord d'une question d'argent — à qui appartiendrait, au pape ou au roi, la perception des revenus et la nomination aux bénéfices dans les évêchés vacants? — puis d'une question de principes : — de qui dépendait en réalité le clergé de France, du roi ou du pape? — En 1681, à la suite de l'excommunication faite par Innocent XI des vicaires généraux nommés par Louis XIV dans deux diocèses, une assemblée générale « extraordinaire » du clergé de France était convoquée pour statuer sur la querelle. Quoique Bossuet ne fût pas encore préconisé évêque de Meaux, le roi le désigna pour prononcer le sermon d'ouverture de ce qu'on appelait déjà le « concile national ».

La commission, même pour un gallican, était fâcheuse. Gallican, Bossuet l'était sans doute, et par une conséquence forcée de sa doctrine politique, de son idée du Roi, être sacré, lieutenant de Dieu de qui seul il relève et relève immédiatement. Mais il l'était aussi par principe religieux. L'histoire de l'Église lui apprenait que la papauté n'avait pas joué, dans le développement de la religion, un rôle tel qu'il lui permît d'aspirer à une domination sans partage; pour un Grégoire le Grand, combien de papes indignes ou incapables, et qu'eussent fait souvent les pontifes de Rome sans les « Pères » qui, de l'Orient ou de l'Occident, les éclairaient, les dirigeaient ou les semonçaient à propos! Aussi bien n'était-ce point au Pape, mais à l'Église que les promesses du Christ avaient *été* faites, et selon cette institution primitive, les conciles, dans les grandes circonstances, les évêques, en temps ordinaire, devaient avoir, selon Bossuet, leur part très effective dans le gouvernement de la cité de Dieu.

Enfin, ce qui l'attachait encore au gallicanisme, c'était son désir de ramener les protestants que révoltaient les prétentions ultramontaines. Il fallait leur montrer que la « suprématie » du Pape pouvait être restreinte.

Mais là comme partout, Bossuet avait l'ambition de se tenir dans un juste milieu. Il ne voulait pas que l'indépendance du prince à l'égard du pape fît du prince un pape laïque, ni que l'autonomie de l'Église gallicane la réduisît au rôle d'un simple corps de l'État, ni que l'obéissance du clergé au roi de France dégénérât en une servitude humiliante. Il prétendait être gallican plus « à la manière des évêques » qu' « à la manière des magistrats ». Même sur le point particulier de la *régale*, il n'allait pas « jusqu'à trouver bon le droit du roi ». Or, de soutenir « le droit du roi » jusqu'au bout, c'était, visiblement, l'intention des ministres de Louis XIV qui, depuis vingt ans, épiaient l'occasion « d'humilier Rome » ; du Parlement qui, depuis trois siècles, n'en manquait aucune d'affirmer que le roi de France était « le chef visible » de l'Église de France; c'était enfin le sentiment de la majorité — triée, il est vrai, sur le volet — du « concile national ». « Le pape nous a poussés, il s'en repentira », disait le président désigné, Harlay de Champvallon, archevêque de Paris, futur patriarche des Gaules. L'ambassadeur d'Angleterre s'en allait répétant que sous peu les deux pays seraient de la même religion. « Il y avait, écrit Bossuet, tout à craindre. »

Ce sentiment d'un réel péril le détermina sans doute à accepter une tâche qui d'ailleurs, sans répondre exactement à ses idées personnelles, convenait fort bien, il faut le dire, à cet esprit large, — trop large parfois, trop hospitalier aux synthèses conciliantes et purement verbales. — Vrai « tour de force » (le mot est de Joseph de Maistre), que ce sermon sur *l'Unité de l'Église*, par où Bossuet ouvrit l'Assemblée. Ici, la proclamation énergique de ces vieilles « maximes » de l'Église gallicane, attachée à ses « libertés » propres, à ses lois spéciales, jalouse de refouler les empiétements du pape de Rome, et lui rappelant par la bouche de saint Bernard, qu'il était « non pas le premier des évêques, mais l'un d'eux ». Là, une glorification magnifique de l'indispensable prééminence de l'église de Rome, « l'église mère, qui tient en main la conduite de toutes les autres » et qui a reçu en sa plénitude l'autorité apostolique. Parfois, vraiment, on aurait presque peur d'être dupe des prestiges d'une rhétorique de diplomate si l'on ne savait avec quelle sincérité courageuse l'intelligence de Bossuet se résignait aux contradictions insurmontables. Du reste, à côté de ces merveilles d'équilibre, il y avait quelque chose de touchant : cet empressement passionné, dédaigneux des redites et parfois même des familiarités, avec lequel Bossuet s'adressait tour à tour aux deux puissances ennemies, les suppliant chacune de relâcher ses prétentions. Le lendemain de ce discours, Bossuet, soulagé, pouvait écrire qu'il eût « prêché dans Rome ce qu'il avait dit avec autant d'assurance que dans Paris ». Il avait satisfait les sages, au moins, des deux partis.

Toutefois sa satisfaction à lui était bien mêlée. Il avait trop de bon sens pour ne pas s'affliger d'avoir eu à « remuer dans la chaire et devant le peuple » des matières aussi graves. Il souhaitait que, contente de régler des points de détail, cette assemblée à laquelle il venait de signifier son devoir et de signaler les écueils, s'abstînt de traiter dogmatiquement des droits du Saint-Siège. Mais Colbert voulait à tout prix et Le Tellier approuvait qu'une formelle déclaration fût promulguée de la « doctrine de France »; l'archevêque de Paris et le père de La Chaise y poussaient; le roi l'ordonna. En vain Bossuet propose, avant qu'on décidât rien, un « examen préalable de la tradition » sur cette matière : cet essai d'obstruction est repoussé. Tout ce qu'il obtint fut de se substituer à l'évêque de Tournai dans la rédaction de ces « quatre articles » — dont il désapprouvait grandement l'opportunité, sinon la doctrine, — d'en adoucir autant qu'il pût les termes et d'en écarter cette menace d'un « appel au futur concile », qui eût consommé la rupture avec le Saint-Siège.

Mais il n'était pas au bout. Même dans leur forme atténuée, les quatre articles avaient exaspéré la cour de Rome. La lutte continuait entre l'orgueilleux vainqueur de Nimègue, et Innocent XI, « le saint opiniâtre ». Aux écrits que les théologiens ultramontains semaient dans toute l'Europe contre les Quatre articles, le roi voulut que Bossuet répondît.

Et l'évêque de Meaux se résigna de nouveau, par crainte, ici encore, de laisser à des violents une besogne singulièrement délicate à remplir en conservant la paix et l'union. Car comment prétendre, sans que cela eût l'air d'une ironie, *quod doctrinâ nostrâ primatus romanus non obscuratur sed illustratur et confirmatur*, que c'était pour le plus grand bien de la suprématie du Saint-Siège qu'on s'en affranchissait? Les chansonniers du temps, qui s'étaient déjà égayés sur les citations du prophète Balaam que Bossuet avait faites dans le sermon sur *l'Unité de l'Église* et sur les subtiles équivoques de sa manœuvre d'équilibre, auraient eu beau jeu contre la *Défense de la Déclaration* si elle avait été publiée.

A ce labeur ingrat, Bossuet s'évertua dix ans, peinant sur ces textes de droit canonique qui se plient à toutes les arguties de la chicane. Puis quand la besogne fut faite, une dernière surprise l'attendait. Tandis qu'à Meaux il travaillait, avec une résignation consciencieuse, à justifier ce que le roi avait voulu faire contre le Pape, le Pape, par sa résistance invincible, forçait le roi de capituler. Et en 1693 — après avoir été l'orateur officiel d'une assemblée dont il ne partageait pas l'esprit, le rédacteur obligé d'une déclaration dont il blâmait la tendance, l'avocat requis d'une cause qu'il estimait plutôt mauvaise, — Bossuet dut rédiger, sur l'ordre de Louis XIV vaincu, le projet de rétractation que signeraient, pour satisfaire le pape, les ecclésiastiques français auxquels il refusait leurs bulles.

Sans doute ce dénoûment piteux ne faisait après tout que confirmer sa répugnance première pour les mesures extrêmes qu'on avait prises à l'aventure. Ses idées pourtant n'en sortaient pas indemnes. Il avait beau écrire à Mme d'Albert, scandalisée par ce désaveu, que s'il abandonnait les « actes » du clergé de France, il n'en abandonnait pas la doctrine. Il avait beau, dans un remaniement nouveau de la *Défense de la Déclaration*, s'écrier avec une familiarité irritée : « *Abeat ergo declaratio quo libuerit!* Que les quatre articles s'en aillent où ils voudront! » — il n'en était pas moins obligé d'affirmer, contre le bon sens, qu'en proclamant, en 1682, les principes « fondamentaux » du gallicanisme, « les évêques n'avaient pas entendu promulguer une décision de foi ». Nul doute que ces déboires n'aient préparé dans une âme loyale comme la sienne l'évolution dont nous trouverons en ses derniers jours les indices. Pour le moment ce qu'elles lui apprenaient, c'est que le seul moyen de garder nos convictions entières et dans leur exacte justesse, c'est de ne pas descendre dans la réalité. Après avoir connu l'indépendance du penseur qui commande en paix à des idées, il éprouvait la servitude de l'homme d'action, obligé de plier son esprit comme sa volonté aux choses.

CHAPITRE IX

LES LUTTES CONTRE JURIEU, CAFFARO, FÉNELON

Parmi les nombreuses et diverses luttes subies ou cherchées par Bossuet à partir de 1690, il convient de distinguer celles qu'il livra contre Jurieu, contre le P. Caffaro et contre Fénelon. Car ces trois démêlés le conduisirent à écrire plusieurs ouvrages qui mériteraient autant d'être connus que les *Oraisons funèbres* et le *Discours sur l'Histoire universelle.*

I

L'*Histoire des Variations* avait causé au monde protestant une grande émotion. De tous côtés, en Angleterre, en Suisse, en Allemagne, les réfutations surgirent, et pendant longtemps se renouvelèrent. Mais comment démolir un ouvrage de cette solidité? Les procédés de la chicane ordinaire, les accusations d'ignorance ou de mauvaise foi, s'y émoussaient. Il y eut des protestants pour s'en aviser, en tête Pierre Jurieu, ministre français réfugié en Hollande, qui adressait alors aux protestants restés en France d'éloquentes *Lettres pastorales*, destinées à soutenir, dans la persécution, leur foi et leur courage. A partir de 1688, Jurieu renonce à peu près à contester les faits allégués par Bossuet sur la Réforme et s'attaque, tant sur les points particuliers que sur la thèse générale, aux principes.

Ainsi sur les guerres de religion. Les calvinistes de France ont, dites-vous, usé de la force. Soit. Mais pourquoi pas? « S'il est permis », selon le droit, « de défendre sa vie contre des tyrans qui nous la veulent ôter pour des raisons temporelles, pourquoi ne le serait-il pas quand on nous la veut ôter pour cause de religion? » Et les Macchabées, dans l'histoire sainte, ne sont-ils pas un illustre exemple de résistance légitime?

Vous nous accusez d'avoir varié. Vous nous faites de nos contradictions un vaste et horrible tableau. Mettons qu'il soit fidèle. Qu'aurez-vous gagné si nous refusons à présent de vous accorder cet axiome, dont nos pères eurent tort de convenir avec vous, que la constance dans la croyance ou dans la doctrine est le signe indispensable de la vérité? Car « c'est précisément le contraire qui est vrai ». L'histoire du christianisme le prouve : « l'Église primitive a varié sur les dogmes les plus essentiels ». Du reste, la nature humaine le veut : « en religion comme ailleurs, le changement est la condition du progrès ». Votre histoire aura beau être exacte : « c'est par sa base qu'elle s'écroule ».

Les *Avertissements aux protestants* — six beaux discours qui appartiennent à notre histoire littéraire autant qu'à notre histoire religieuse — furent la réplique de Bossuet.

Réplique aussi longue, ou peu s'en faut, que la grande *Histoire* qu'ils étaient destinés à défendre, et cela se comprend. C'était sur un autre terrain, une tâche toute nouvelle que l'évolution de la tactique des controversistes réformés imposait à Bossuet.

D'abord, il fallait discuter les preuves de fait dont Jurieu et ses amis appuyaient leurs maximes modifiées. Et même pour la Bible, quelque maître que Bossuet fût de ce domaine, cela n'allait pas si aisément. Bien gênant était cet exemple des Macchabées. Il ne laissait à Bossuet d'autre ressource que l'argument, assez faible, du « cas particulier qui ne tire pas à conséquence ». Mais ce qui était encore moins facile que de reprendre aux protestants cet Ancien Testament dont ils se prévalaient pour autoriser la guerre religieuse, c'était de leur arracher ces premiers siècles de l'ancienne Église, où ils se vantaient à présent de montrer, pour justifier leurs propres changements, une doctrine « imparfaite et flottante ». Si à fond que Bossuet eût étudié les Pères, il les avait étudiés dans le même esprit que la Bible : pour le profit théologique ou moral, avec la même soumission dévote, insouciante des difficultés qui relèvent de l'érudition et de la critique. Il s'en était fait une espèce de « concordance » où ces difficultés disparaissaient. Il les connaissait en prédicateur plus qu'en historien. Aussi les objections de Jurieu le trouvent fort dépourvu. Quand il voit le docteur protestant affirmer, textes en mains, que saint Cyprien, Tertullien, saint Clément d'Alexandrie ont eu sur les dogmes essentiels des opinions obscures ou franchement erronées, il est stupéfait, il s'indigne, il crie à la calomnie et au blasphème ; et lorsqu'il se résigne, non sans dégoût, ni sans dépit, à la discussion, « son raisonnement se résume à soutenir que les Pères n'ont pas eu d'idées fausses, parce qu'il est absurde de croire qu'ils en aient eu[1] ». Le plus souvent, d'ailleurs, il se dérobe : « A Dieu ne plaise, mes frères, que j'aie à défendre la doctrine des premiers siècles ! » Et, dans une volte-face hautaine, il se replie sur les hauteurs des considérations générales et des idées *a priori*.

Là, il s'espace, il s'attarde, il triomphe. Quelles scandaleuses conséquences découlent de ce principe nouveau de M. Jurieu : que les gens persécutés pour cause de religion ont droit de « faire la guerre à leur roi et à leur patrie » ! Avec de telles maximes,

> Que deviendront les États, si ce n'est une boucherie et un théâtre perpétuel et toujours sanglant de guerres civiles ?... Toutes les fois qu'une partie du peuple s'imaginera qu'elle a raison contre la puissance publique et que la punir de sa rébellion c'est s'attaquer injustement à sa vie, elle se croira en droit de prendre les armes....

Le seul principe « qui puisse fonder la stabilité des États » c'est que, bien qu'un prince n'ait jamais le droit d'opprimer la religion et la justice,

> Il y a dans la puissance publique un droit d'agir de manière qu'on n'ait pas le droit de lui résister par la force et qu'on ne le puisse faire sans attentat....

1. L'abbé Duchesne, *Origines de l'exégèse conservatrice au* XVIIe *siècle*.

Soutenir autre chose,

C'est aller flatter dans le cœur des hommes ce secret principe d'indocilité et de liberté farouche qui est la cause des révoltes....

Et quand, cette autre doctrine, Jurieu, précurseur de J.-J. Rousseau, se risquait à la formuler; quand il déclarait qu'après tout « le peuple est le principal souverain et que la souveraineté y demeure toujours, non seulement comme dans sa source, mais encore comme dans le premier et principal sujet où elle réside », Bossuet ne pouvait se tenir, encore que sa matière ne l'y obligeât point, d'entrer dans la discussion de « la politique de M. Jurieu », et d'exposer au public la sienne, celle qu'il avait enseignée au Dauphin. Stimulé par les hardiesses révolutionnaires de son contradicteur, c'est avec un regain de force, de chaleur et de précision qu'il plaide la cause de cette monarchie absolue « où le peuple n'a aucun pouvoir », et qui, par cela même, selon lui, est le plus « utile » de tous les gouvernements :

M. Jurieu nous demande quelle raison pourrait avoir un peuple de se donner un maître si puissant à lui faire du mal. Il m'est aisé de lui répondre. C'est la raison qui a obligé les peuples les plus libres, lorsqu'il les faut mener à la guerre, de renoncer à leur liberté pour donner à leurs généraux un pouvoir absolu sur eux.... Un peuple qui a éprouvé les maux, les confusions, les horreurs de l'anarchie, donne tout pour les éviter, et comme il ne peut donner de pouvoir sur lui qui ne tourne contre lui-même, il aime mieux hasarder d'être maltraité quelquefois par un souverain que de se mettre en état d'avoir à souffrir ses propres fureurs s'il se réservait quelque pouvoir.... [D'autant que] forcé par le besoin à se donner un maître, il ne peut rien faire de mieux que d'intéresser à sa conservation celui qu'il établit sur sa tête. Lui mettre l'État entre les mains afin qu'il le conserve comme son bien propre, c'est un moyen très pressant de l'intéresser. [Ainsi] ce n'est pas toujours abandonnement ou faiblesse de se donner des maîtres puissants : c'est souvent plus de sagesse et de profondeur dans les vues....

Non moins nettement Bossuet déduit ses raisons de combattre la démocratie : raisons qui se résument, en somme, à ce qu'elle lui apparaît fatalement et à bref délai comme destructrice de tout gouvernement :

Où veut-on aller par cet empire du peuple? Ce peuple, à qui on donne un droit souverain sur ses rois, en a-t-il moins sur toutes les autres puissances? Il est le maître de toutes les formes de gouvernement, puisqu'il les a toutes faites également. Le peuple n'aura pas moins de pouvoir sur le parlement qu'on lui en veut attribuer sur le roi. *Il ne sert de rien de répondre que le parlement, c'est le peuple lui-même....* Si le peuple est persuadé que tout cela n'est qu'un soutien de la tyrannie,... on abolira tout cela.

Il y a plus. Cette république que l'on loue et que l'on rêve, ne sera pas, selon Bossuet, le dernier terme des manifestations capricieuses de la souveraineté populaire. Il en faudra venir à des gouvernements partiels, à la décomposition des grands États en républiques minuscules, car « si les provinces ne conviennent pas de la forme du gouvernement, chaque province s'en fera un comme elle voudra ». Dans cette méditation politique où l'évolution de ses adversaires protestants l'amène, Bossuet a de ces divinations dont l'histoire devait prouver la justesse.

Il n'est pas moins pénétrant quand il veut pécendre — non plus par des faits, mais spéculativement — le principe de la perpétuité de la foi. Sa claire vue des conséquences, prochaines ou lointaines, qu'aura pour les églises réformées le rejet de ce principe autrefois respecté par elles, a frappé, frappe encore les protestants eux-mêmes[1]. Comment Jurieu ne voit-il pas ce qui, dès demain, va fatalement sortir de cette imprudente réhabilitation de la variation religieuse?

Dans les consciences, le désarroi : — croyantes, elles seront indignées de voir que le protestantisme se ravale lui-même aux conditions d'une secte humaine et philosophique; tièdes, elles se scandaliseront que ces docteurs des premiers siècles, autrefois si fort exaltés par leurs pères, « aient si peu profité du bonheur d'être voisins des temps apostoliques qu'aussitôt que les Apôtres ont eu les yeux fermés, ils ont obscurci les points principaux de la foi ».

Dans les églises, le désordre. — Car il va falloir tolérer, comme légères et innocentes, ces erreurs dont Jurieu charge les tout premiers chrétiens, erreurs qui, cependant, « emportent une partie très essentielle de l'Arianisme et du Socinianisme ». Au reste, déjà « les Sociniens inondent toute la Réforme. L'indifférence des religions s'y établit. » L'Angleterre, les Provinces-Unies, le duché de Clèves, le Brandebourg, sont infectés de cette indifférence ecclésiastique qui se cache « sous l'apparence miséricordieuse de la tolérance civile ». Les communautés protestantes sont pleines de sectateurs d'un christianisme étrange, « de plain-pied, qui ôte tous les mystères en les tournant au sens dont l'esprit s'accommode, met au large cette raison humaine, lève toutes les difficultés, aplanit toutes

1. P. Stapfer, *Bossuet et Adolphe Monod*, p. 435 et suiv.

les hauteurs ». Mais, après tout, est-ce la faute des idées de Jurieu? Bossuet élargit le débat et pousse plus loin son enquête. Non, la faute en est à la Réforme elle-même. « Elle n'a pas de digues à opposer à cette pente secrète qui porte l'esprit de l'homme à une religion de plain-pied et à supprimer tout l'exercice de la foi. » Elle a refusé d'admettre que « partout où il s'agit de révélation, on doit imposer silence au raisonnement humain ». Elle a reçu « la résistance de la raison ». Mais ce n'est alors qu'une question « de plus ou de moins » dans la résistance. Les objections que la Réforme oppose à l'Église romaine sur la présence réelle, le socinien les lui sert à elle-même sur le péché originel, l'éternité des peines, la Trinité, l'Incarnation, l'immutabilité de Dieu. Il lui crie — et « *à un homme de bonne foi, ce raisonnement n'a point de réponse* » — que, s'il faut être dialecticien ou philosophe pour être chrétien, il le veut être partout. Le protestantisme s'achemine au déisme, à la philosophie, à l'incrédulité. Mais cela vient inévitablement de sa nature, de son « génie ». La crise présente révèle un mal ancien.

Considérations pleines de justesse, tellement que Jurieu et ses amis, pris de peur, se hâtèrent de revenir sur les hardiesses dont Bossuet leur mettait sous les yeux les résultats logiques. Et donc, en ce sens, et sur ce terrain des principes et des raisonnements d'idée, la controverse des *Avertissements* était pour Bossuet un nouveau succès. Mais succès fâcheux, dont le héros, précisément en raison de sa perspicacité, devait s'affliger presque autant que d'une défaite.

Car sur l'article de la résistance permise en

matière religieuse, peu importaient les restrictions de Jurieu refroidi, ou les désaveux que lançaient, contre les témérités de cet enfant perdu de l'armée protestante, les diplomates comme Basnage, soucieux de ménager le retour des protestants en France : le principe, qui venait d'être proclamé par les docteurs réfugiés, du droit qu'a la conscience d'être respectée, et par conséquent de se faire respecter, à l'aide des moyens temporels, ce principe faisait son chemin à travers l'Europe, et avec lui la tolérance civile, et avec lui la souveraineté du peuple et « l'esprit républicain ». Autour de Bayle, nombre de théologiens, inconnus aujourd'hui, mais écoutés alors — Aubert de Versé, Gédéon Huet, Jaquelot, Elie Saurin[1], — travaillaient à cette propagande avec une gravité ardente, dans des in-folio où les philosophes du XVIIIe siècle trouveront leur besogne toute faite.

De même, sur l'article des variations. Cette revendication vaillante que Jurieu avait un jour criée, du droit, du devoir de « changer », il eut beau la répudier le lendemain, et, sous l'insistance de Bossuet, « se tuer à justifier ces Pères des premiers siècles de l'Église dont il avait été le plus violent accusateur »; — le coup était porté. Les sceptiques se lançaient avec ardeur dans cette voie où ils trouvaient leur compte : Bayle accumulait avec une joie maligne, déjà toute voltairienne de ton, les témoignages édifiants de « l'inconstance » des théologiens et des « lacunes de la tradition ». — Et si, de ces

1. V. Frank Puaux, *les Précurseurs de la Tolérance au XVIIe siècle.*

excès désormais déchaînés de l'érudition libertine, Bossuet rapprochait les tendances, de jour en jour plus indépendantes, de la nouvelle génération des théologiens catholiques, disciples de ce jésuite Pétau, dont Jurieu lui avait jeté à la face, sans qu'il eût rien à répondre de pertinent, les aveux sincères sur la foi semi-arienne des premiers siècles; — s'il comparait aux insolences de Jurieu les irrévérences cavalières d'un Ellies du Pin par exemple, janséniste pourtant, de qui l'*Histoire ecclésiastique* dévoilait sans pudeur les insuffisances intellectuelles et les imperfections morales des Pères, comme les intrigues tumultueuses des premiers Conciles, — Bossuet, devant ces complicités inconscientes, pouvait prévoir avec effroi l'irruption jusqu'en l'Église catholique d'un christianisme prodigieux, très dissemblable de cet édifice immuable et fixe pour le maintien duquel sa logique étroite s'évertuait passionnément.

Et certes, qu'il ne vît pas d'ores et déjà comment concilier ces monstrueuses nouveautés avec la révélation et « les promesses de Jésus-Christ à son Église », on aurait mauvaise grâce à s'en étonner. Il ne pouvait, tout de même, deviner ni Hegel ni le cardinal Newman, ni les appropriations théologiques de la théorie de l'évolution. Aussi, devant ces horizons orageux, son découragement est-il visible. S'y mêlait-il quelque regret d'avoir trop bien travaillé, trop poussé les difficultés « aux dernières précisions »? Peut-être. En somme, si le protestantisme s'engageait dans cette voie au bout de laquelle il allait se perdre dans le rationalisme, c'était l'*Histoire des Variations* qui, en grande partie, en était la cause. La dialectique et l'érudition du prélat catholique avaient contribué grandement à faire prendre conscience à la Réforme de la fausseté de sa situation, et à faire sortir de son sein les germes de libre pensée dont elle avait évité jusqu'alors de s'apercevoir. Cette longue et laborieuse et pénétrante controverse de Bossuet, à quoi aboutissait-elle? A éloigner un peu plus les catholiques des protestants en rapprochant ceux-ci des libres penseurs. Bossuet aurait pu se dire ce que Bayle disait à Louis XIV : « Vos triomphes sont ceux du déisme ».

II

La sévérité de la doctrine morale de Bossuet ne s'affirmait pas seulement dans le sermon. En 1682, la lutte contre les casuistes l'avait occupé autant que le gallicanisme. Il était parti en guerre contre ces moralistes relâchés dont Pascal n'avait pas tué la race, et dont la perversité, quoique « traînante » depuis les *Provinciales*, lui apparaissait toujours venimeuse, et prête à *repousser* toute entière, « pour petite que fût la fibre qu'on en laissât ». Il voulait que le Clergé proclamât contre eux, dans la pénitence, la nécessité d'un commencement d'amour de Dieu; dans les cas de conscience, l'autorité de l'opinion la plus sévère, même lorsque l'opinion contraire est aussi probable. Il écrivait un traité de l'*Usure* pour maintenir intégralement l'interdiction évangélique du prêt à intérêt : insensible à l'utilité commerciale de la banque, il en voyait seulement les funestes effets sociaux, et que « le revenu de l'argent sert à entretenir l'oisiveté ».

Était-il donc devenu, à proprement parler, janséniste? Non sans doute[1]. Quoique sa théologie fût toute nourrie de saint Augustin, l'oracle de Port-Royal; — quoiqu'il qualifiât d'hérésie le *molinisme* des Jésuites; — quoiqu'il insistât volontiers sur le côté effrayant du dogme de la prédestination, — sa philosophie mystique et son tempérament actif tenaient trop à cette liberté « dont nous ne pouvons douter plus que de notre être », pour l'immoler à la grâce, comme faisaient si volontiers les disciples de Saint-Cyran. Mais d'autre part, comme eux et autant qu'eux, il avait un culte enthousiaste et jaloux pour l' « immortelle beauté de la morale chrétienne »; — comme eux il voyait dans son austère sévérité une preuve du christianisme : « Les mœurs seules, disait-il un jour en chaire, me feraient recevoir la foi »; — comme les Jansénistes, et parlant presque dans les mêmes termes, il se refusait à feindre « aucun expédient pour accorder l'esprit et la chair », et s'il avait eu jadis un mot de blâme pour ces directeurs trop rigides qui hérissent à plaisir devant les pas de l'homme le sentier de la vertu, il flétrissait plus cordialement encore cette « pitié meurtrière » des directeurs indulgents qui portent « des coussins sous les coudes des pécheurs » ou qui, « par de vaines distinctions, soufflent de la terre dans leurs yeux ». Jusque dans l'intimité, quand Bossuet parle des casuistes, il s'emporte; leurs subtilités sont pour lui des « ordures ».

On comprend son indignation quand, en 1694,

1. Voir *Revue de l'Hist. des Religions*, 1898. Cf. l'abbé Urbain, *Revue du Clergé*, 1899-1901.

parut, à la tête d'une édition du théâtre de Boursault, la dissertation anonyme d'un « théologien illustre » qui soutenait que « l'on peut, innocemment, composer, jouer, voir jouer des comédies ». Le « théologien illustre » était un obscur théatin italien, le P. Caffaro : mais le fait grave, c'était que pour la première fois en France, un prêtre de profession, un religieux, osât se faire, en un écrit exprès et public, l'avocat du théâtre. Aussi Bossuet ne se contente pas d'adresser, en hâte, au coupable une lettre personnelle, à la suite de laquelle Caffaro, éperdu, s'empressa de désavouer tant bien que mal son méfait; il reprend et développe cette lettre dans un traité à l'usage du public, les *Maximes et réflexions sur la Comédie*, un de ses meilleurs et de ses plus durables ouvrages.

Jamais cette question de la moralité du théâtre, qui devait préoccuper encore tant de grands esprits depuis Jean-Jacques Rousseau jusqu'à Alexandre Dumas fils, n'a été traitée, et résolue dans le sens rigoriste, avec plus de pénétration impitoyable, ni en perçant à jour plus vaillamment toutes les conventions mensongères dont la tolérance sociale est obligée de se payer. Sur l'objection que la vie même des comédiens et les conditions matérielles de leur métier fournissent contre le théâtre; — sur la honte de ces actrices, « esclaves exposées, en qui la pudeur est éteinte, ne fût-ce que par tant de regards qu'elles attirent », — sur ces arguments ressassés Bossuet n'insiste pas. C'est contre les vrais coupables, les auteurs dramatiques eux-mêmes, qu'il fonce tout droit. Quoi! l'on ose nous assurer que le théâtre est

« de nos jours si épuré qu'il n'y a rien que l'oreille la plus chaste ne puisse entendre » ! Mais pour soutenir de telles illusions il faut ignorer et Molière, et Corneille, et Quinault, et Racine ! Avec l'un, la comédie est plus que jamais impudeur, dérision de la vertu, parfois « infamie toute crue », et toujours excuse plaisante de la corruption. Chez les autres, la tragédie, pour être plus noble, n'a pas moins de venin. Si l'amour y est qualifié de faiblesse, c'est une « belle faiblesse », où se font gloire de s'assujettir « les âmes que l'on appelle grandes ». Chez Racine, la mollesse et la tendresse sont telles que le théâtre nous y apparaît bien inférieur en gravité à ce théâtre païen que pourtant la sévérité de Platon condamnait. Or de ces spectacles combien puissant est l'effet corrupteur !

Ce sont des personnages vivants, de vrais yeux, ou ardents ou tendres et plongés dans la passion, de vraies larmes dans les acteurs, qui en attirent d'aussi véritables dans ceux qui les regardent; de vrais mouvements qui mettent en feu tout le parterre et toutes les loges !

Plus ces pièces que l'on vante sont parfaites, plus elles sont dangereuses, remplissant mieux leur fin, qui est d'exciter les passions. Ce qu'il faut, pour qu'elles « ne manquent pas leur coup » et que « les règles de l'art ne soient pas frustrées », c'est qu' « on se voie soi-même dans ces héros », c'est qu' « on devienne soi-même un acteur secret de la tragédie; et la fiction au dehors est froide et sans agrément si elle ne trouve au dedans une vérité qui lui réponde ». Et voilà pourquoi aussi cette fiction doit être forcément immorale dans ses peintures et ses sujets. Sagesse, devoir, modération : choses fades! « Le licite et le régulier ferait languir. » Qu'on ne vienne pas nous dire que le mariage qui termine la comédie, purifie tout. Ce palliatif arrive trop tard ; l'effet est produit ; ce n'est pas le final dénouement légitime que l'on regarde ; c'est la passion coupable et exaltée qui le précède et qui s'en passerait au besoin. Soyons sincères. Le théâtre n'est pas honnête et il ne peut l'être, parce que « tout son appareil ne tend qu'à faire des hommes passionnés », et que « tout ce qui remue le sensible attaque secrètement la pudeur ».

Et n'alléguez pas non plus que c'est là une question de personnes, et que la confession ne vous a jamais rien appris de ces funestes effets. Vous ignorez donc

> Qu'il y a des choses qui sans avoir des effets marqués mettent dans l'âme de secrètes dispositions très mauvaises? Qui saurait connaître ce que c'est en l'homme qu'un certain fond de joie sensuelle et je ne sais quelle disposition inquiète et vague au plaisir des sens, qui ne tend à rien et qui tend à tout, connaîtrait la source secrète des plus grands péchés.... On est trop mauvais médecin si l'on ne connaît de maux aux hommes que ceux qu'ils sentent et qu'ils avouent.

Donc Bossuet n'admettrait point ce que concédait saint François de Sales à Philothée : que « les comédies, comme les danses, *en leur substance*, ne sont nullement choses mauvaises ». Mais il s'attaque même à cet autre principe, appuyé pourtant du nom de saint Thomas, que « le divertissement est nécessaire à l'entretien de la vie humaine ». Voilà le dernier argument, la perpétuelle excuse, celle que traduit le langage commun dans cet axiome que « tout le monde » accepte : « Il faut bien s'amuser ». Et pourquoi s'amuser? répond rudement Bossuet. A quoi bon, quand on est chrétien? S'amuser, quand on doit croire et se rappeler sans cesse que ce n'est pas ici le lieu de la joie, que cette vie est une épreuve et un exil? Chercher des sujets de pleurs fictifs quand on en a de trop réels dans la perversité de la nature et dans la menace toujours suspendue de la damnation méritée? Chercher des sujets de rire, quand on est disciple d'un maître, par qui le rire fut maudit et de qui jamais les lèvres divines « ne se dilatèrent de ce mouvement indécent »? Non, si nous étions vraiment chrétiens, nous n'aurions point besoin de nous « divertir ». Que si la nature réclamait un peu de relâche, les drames du Calvaire et de l'histoire de l'Église devraient suffire à nous passionner, de même qu'à nous toucher et à nous ravir la vue des conquêtes ineffables de Jésus dans les cœurs, et « les chastes soupirs des âmes qu'il a gagnées et qui courent après ses parfums ».

Et après avoir, dans la fin des *Maximes sur la Comédie*, opposé ces idées à celles de saint Thomas, « malgré le respect dû à un si grand homme », Bossuet y revenait avec plus de force dans le beau *Traité de la Concupiscence*, la plus franche déclaration qui peut-être ait jamais été faite du divorce que la raison mystique exige entre le monde et la religion, entre l'art et la piété, entre la joie de vivre et l'austère sainteté du chrétien. Non, « on ne peut pas aimer Dieu et le monde; on ne peut pas nager comme entre deux, se donnant tantôt à l'un et tantôt à l'autre. Dieu veut tout.... » Pour bien faire, ce ne sont pas seulement les péchés caractérisés et les vices grossiers qu'il faut fuir, ce sont les charmes et les parures de la vie : la curiosité, la science, la poésie. Elles affaiblissent l'âme, elles occupent la pensée, elles suscitent l'orgueil, elles satisfont la convoitise de la « chair de péché »; elles sont, dans leur innocence apparente, incompatibles avec « le sérieux » nécessaire, avec la tristesse obligatoire du chrétien. Et Bossuet, suivant cette pente, en arrive bientôt à répudier tout ce qu'il avait toléré, goûté même naguère. Lui, l'excellent humaniste, l'un des patrons de la collection des Classiques du Dauphin, non seulement il renonce (et il s'en vante assez dédaigneusement) à la lecture de ces anciens auxquels il devait une si grande part de son génie; mais il dénonce avec indignation leur influence persistante sur les modernes. Il s'irrite de cet indéracinable paganisme auquel il voit autour de lui sacrifier, oublieux de leur religion, tous les écrivains. Il condamne l'emploi de la mythologie, symbole de cette espèce d'apostasie de lettrés qui rougissent du Christ. Il oblige Santeuil à rétracter humblement, comme un gros péché, un poème latin, où, à l'applaudissement de Fénelon et de tous les beaux esprits indulgents, le docte chanoine de Saint-Victor avait cru pouvoir peupler de nymphes, fort décentes du reste, les jardins de Versailles. Boileau lui-même encourt son anathème. Ni son amitié pour lui, ni l'*Épître sur l'amour de Dieu* n'empêchent Bossuet, non seulement en conversation, mais dans le *Traité de la Concupiscence*, de gronder durement le vain auteur de ces *Satires*, « incompatibles avec la religion chrétienne », surtout de la satire des Femmes, paradoxe contraire à la piété.

Or, sans doute, toutes ces intolérances découlent logiquement de l'idée chrétienne. Mais les conséquences extrêmes d'une doctrine ne sont pas bonnes à déduire en tout temps. On ne pouvait guère croire que la société française fût mûre, en 1694, pour de si hauts enseignements. Le vernis dévot que la cour, sous l'influence de Mme de Maintenon, avait pris, ne faisait certainement pas plus d'illusion à Bossuet qu'à Bourdaloue ou qu'à La Bruyère. En revanche, ce qu'il pouvait constater à plus d'un signe, c'est que, comme Jurieu le lui avait dénoncé naguère, l'incrédulité se propageait aussi bien dans la France « toute catholique » que dans les pays protestants. La seconde duchesse d'Orléans, son amie comme la première, et mère du Régent, aurait pu, au besoin, le renseigner sur le nombre et la qualité des gens qui à la cour se glorifiaient de ne croire « ni à Dieu, ni au diable », et agissaient à l'avenant. Était-ce le moment de rendre la religion plus âpre? Ne fût-ce que pour le crédit de Bossuet dans la société religieuse, ces rigueurs étaient-elles opportunes? Jusque-là, s'il avait eu pour le jansénisme une préférence, cette préférence ne s'était jamais affichée. S'il ne cachait pas son admiration respectueuse pour les MM. du Port-Royal, au point de déclarer qu'il voulait aller apprendre, auprès de Félix Vialart, évêque janséniste de Châlons-sur-Marne, les vertus d'un prélat, il avait mesuré son appui aux Jansénistes agissants avec assez de circonspection pour qu'Arnauld l'accusât amèrement d'une amitié bien timide. Il était resté, aux yeux du public — et ce n'était pas une des moindres causes de son autorité, — le type, toujours cher aux catholiques français, du prélat « juste milieu » qui prétend ne pencher ni à droite ni à gauche. Or à présent, il prenait visiblement parti. Dans ce traité sur la comédie que Nicole, que le P. Soanen, que Pascal eussent signé, il se rangeait décidément du côté des Jansénistes. Là encore, des oppositions imprévues le jetaient hors de ses mesures. Des provocations irritantes lui faisaient perdre cet équilibre où il eût souhaité de se tenir. En parlant, comme il venait de le faire, haut et ferme, il était obligé d'avoir trop publiquement, trop brutalement raison. Et c'est peut-être pour ce motif que le *Traité de la Concupiscence*, complément des *Maximes sur la comédie*, resta inédit. Il est de certaines vérités, « ennemies de l'humanité », comme Bossuet le dit lui-même, qui s'accommodent mieux du silence.

III

Caffaro s'était humilié en toute hâte. Malebranche, doucement, avait esquivé la discussion. Richard Simon, sans cesser d'écrire, se cachait derrière les pseudonymes et tirait en longueur jusqu'à ce que « le bonhomme » — comme il appelait irrévérencieusement son persécuteur — disparût. En Fénelon, Bossuet allait trouver, pour la première fois, un adversaire catholique qui osât lui tenir tête.

On sait ce que fut la controverse du Quiétisme,

durant les quatre années qu'elle se prolongea, combien féconde, des deux parts, en paroles, en écrits, en intrigues. Le premier acte de cette sorte de tragédie théologique se passe dans ces conférences d'Issy, où se réunissent avec Bossuet, M. de Noailles, évêque de Châlons, et M. Tronson, supérieur de Saint-Sulpice, choisis tous trois par Mme Guyon pour juges des doctrines mystiques dont, devant Mme de Maintenon fort empêchée, l'évêque de Chartres, Godet-Desmarais, s'était fait l'accusateur et l'abbé de Fénelon l'avocat. Cette enquête dure huit ou neuf mois. Enquête laborieuse : — c'est à peine si les trois enquêteurs, réunis plusieurs fois par semaine jusqu'au soir dans le cabinet de M. Tronson, prenaient la peine de déjeuner ; — enquête solennelle : ils mêlaient la prière à l'étude, et cherchaient la vérité dans leur conscience recueillie autant que dans les in-folio dont le carrosse de M. de Meaux arrivait toujours plein. Enquête mystérieuse enfin : on ne voulait pas, pour le sérieux de l'affaire, que l'archevêque de Paris, Harlay de Champvallon, en eût connaissance et l'évoquât à lui ; on ne voulait pas dans l'intérêt de Fénelon, candidat à l'épiscopat, que Louis XIV sût que l'on avait certains doutes sur son orthodoxie.

De ces conférences sort un formulaire de trente-quatre articles où les erreurs de Mme Guyon sont censurées et que Fénelon, nommé dans l'intervalle archevêque de Cambrai, signe avec les trois juges. C'est Bossuet qui sacre Fénelon ; la paix semble faite, mais ce n'est qu'une trêve. Ni l'un ni l'autre ils ne sont satisfaits de ces « articles ». Ni l'un ni l'autre ils ne veulent qu'on se méprenne sur l'adhésion qu'ils y ont donnée. Tous deux, chacun de son côté, emploient cette année 1696 à la rédaction d'un commentaire explicatif. Fénelon est le premier prêt, mais quarante jours seulement après les *Maximes des Saints sur la vie intérieure* paraît l'*Instruction* de Bossuet *sur les États d'oraison, où sont exposées les erreurs des faux mystiques de nos jours*. Lisez : de Mme Guyon et de Fénelon. Mais Mme Guyon disparaît : mise d'abord en pénitence dans le diocèse de Bossuet, puis enfermée à Vincennes et à la Bastille, elle finira par se résigner à se taire. Son premier accusateur, Godet-Desmarais, s'efface aussi. Bossuet et Fénelon restent seuls en présence. Qui jugera entre les deux dans cette église de France qui admire en l'un son chef d'aujourd'hui, en l'autre son chef de demain? Fénelon en appelle à Rome.

Mais Rome ne se hâte jamais de parler. D'autant moins qu'elle est, en l'espèce, enchantée de se voir prise pour arbitre par ces évêques français qui naguère semblaient se soucier si peu de son magistère suprême. Elle fera traîner tant qu'elle pourra ce recours symbolique, attendre deux ans cette sentence qui est une partie de sa revanche sur Louis XIV. Cependant les deux adversaires font à qui mieux mieux leur métier de plaideurs. Pour « éclairer » le tribunal, dont l'un et l'autre ils se défient également, ils multiplient les mémoires en beau latin. Bossuet, pour sa part, envoie cinq ou six plaidoiries, soignées jusques au titre, fait pour frapper les juges : *Mystici in tuto*, comme qui dirait : « Ne touchons pas aux mystiques ! » *Quietismus redivi-*

vus : « La résurrection du Quiétisme ». Les cardinaux, flattés, charmés, parfois étourdis et fatigués, couvraient de fleurs, impartialement, et le zèle et la faconde de ces deux illustres « parties ».

Mais en justice, au XVIIe siècle, on ne plaide pas seulement. On « sollicite ». A côté des discours publics, il y a les démarches secrètes. Ni Bossuet ni Fénelon ne l'oublient. Comme Fénelon, Bossuet a ses représentants à Rome : l'un, son neveu, l'abbé Bossuet, abbé de cour qui parle haut, fait les visites officielles et mène un train d'ambassadeur; l'autre, l'abbé Phélypeaux, théologien de Meaux, qui négocie dans l'ombre et s'en va discuter, la nuit, avec les membres des commissions. Et toute cette diplomatie, amusante parfois, un peu humiliante au fond, Bossuet la suit de loin, la dirige et l'alimente, envoie les nouvelles de Paris, de la cour, raconte ce que lui a dit le roi, Mme de Maintenon, le nouvel archevêque de Paris; fournit les arguments. Si, à ces manœuvres souterraines, il met moins d'aisance et de grâce que Fénelon, il y met, et cela nous peine un peu, autant d'âpreté.

D'ailleurs, ce n'est pas Rome seulement — et au fond, ce n'est pas Rome principalement — que lui ni Fénelon brûlent de convaincre. L'arrêt de Rome est surtout précieux parce qu'il déterminera les jugements de France. Mais il faut encore préparer ceux-ci. Et tous deux, à l'envi, s'y efforcent. Tous deux écrivent infatigablement pour le public français, — public de prêtres surtout, bien entendu, mais de laïques aussi, de ces laïques du XVIIe siècle qui, avec une admirable patience et un goût bien perdu des solidités, achetaient, lisaient, discutaient les écrits de théologie. — Aussi bien l'on se met en frais pour les attirer et les retenir. Si spéciales et si rudes que soient ces matières dont la langue même est technique, on comprend, on croit comprendre toutes ces questions de *passiveté* et de *béatitude* plus ou moins désintéressée. D'ailleurs la discussion ne se tient pas toujours sur ces hauteurs abstraites. Dès les premiers temps, les faux-fuyants maladifs de Mme Guyon, couverts par Fénelon, avaient exaspéré Bossuet ; — ensuite la dialectique mobile de Fénelon, déplaçant, pour le besoin de sa cause, et très légitimement du reste, « l'état de la dispute, » lui parut une tactique de sophiste. Et il ne tarda pas à le déclarer, sans ménagement. Dès lors aux arguments d'idées se mêlent les reproches personnels. On s'accuse couramment (et non sans raison, des deux parts,) d'oublis singuliers, d'inintelligences inconcevables, puis de mauvaise foi voulue, puis de procédés indélicats, d'indiscrétions, de mensonges. Même, avec cette dureté qu'ont parfois les âmes dévotes, on s'appelle « au jugement de Dieu », auquel Bossuet par son âge — que Fénelon lui rappelle, — a chance de comparaître le premier. Sur ce terrain de l'altercation privée, Fénelon manœuvre plus élégamment et se concilie par des gémissements de victime les âmes sensibles. Mais Bossuet réjouit les lecteurs de bon sens par des coups droits ou d'écrasantes ripostes. De sa vigueur dans ce corps-à-corps, la *Relation sur le quiétisme* est le chef-d'œuvre. Poussé à bout par les allusions perfides ou dolentes faites par son rival à la persécution inique dont il se prétendait le martyr, Bossuet reprend la querelle à l'origine, et avec une impitoyable malice, attire l'attention sur le point le plus cruel pour Fénelon, le plus piquant pour la galerie, et, encore aujourd'hui, le plus inquiétant pour ses admirateurs : sa liaison avec Mme Guyon. Car sans doute, c'est une étrange chose que de voir le plus « bel esprit » du temps si fort attaché à cette visionnaire, tantôt scandaleuse et tantôt grotesque, qui prétendait sentir *couler*, littéralement, en elle, le *torrent* des grâces de Dieu, et avec une telle abondance que son corset en « crevait », même après qu'elle avait été « délacée » par les duchesses qui l'assistent ; prophétesse par surcroît, « faiseuse de miracles », se donnant comme la restauratrice de l'Église et la mère des fidèles, allant enfin jusqu'à se prétendre, dans l'exactitude même du terme, « l'épouse de Dieu ». Que l'archevêque de Cambrai la renie à présent, on le comprend ; mais c'est tout de même « Mme Guyon qui fait le fond de cette affaire » ; c'est la seule « envie de la soutenir » qui a séparé le prélat d'avec ses confrères et qui l'en sépare encore, jointe à une crainte de « se diffamer », c'est-à-dire d'avouer son erreur et sa faute, qui, en langage chrétien, ne s'appelle qu'amour-propre. Et emporté par cette démonstration, dans laquelle visiblement il ne se déplaît pas, Bossuet, non seulement, avec une discrétion contestable, fait usage de lettres écrites par Fénelon soit à Mme de Maintenon, soit à lui-même, mais il n'hésite pas à tirer de l'histoire ecclésiastique l'allusion la plus blessante qui se pût : l'hérétique auquel il compare Fénelon, c'est « ce Montanus qui traînait partout une femme, sa Priscille ».

Des deux côtés on en était venu à cet état d'esprit où pour vaincre tous les moyens paraissent justes.

La victoire était-elle donc d'un si grand prix? Tant de colères, tant d'agitations, tant de manœuvres ne donnent-elles pas impérieusement à croire qu'il y avait là-dedans autre chose qu'une dispute d'idées? Les contemporains n'en ont pas douté. Sur l'ambition de Fénelon, sur la déception que les poursuites contre Mme Guyon lui causèrent, lisez Saint-Simon, entre autres. Quant à Bossuet, de qui seul nous avons à nous occuper aussi, il est sûr que, dans son âme aussi, qui était celle d'un honnête homme et d'un bon chrétien, mais qui n'était pas celle d'un saint, des sentiments étrangers à l'objet du débat, antérieurs même à ce débat, ont contribué à l'y rendre plus sévère dès l'origine, plus violent dans la suite. Sa dissemblance d'avec Fénelon était trop profonde pour qu'il n'y eût pas, entre eux, une antipathie secrète. Leurs rapports amicaux, cordiaux même, avant la querelle, ne prouvent rien là contre. Combien de « chers maîtres » que leurs élèves détestent, et qui se défient de leurs élèves! A plus forte raison dans le monde ecclésiastique, où la déférence, l'onction fraternelle sont de règle. Bossuet, tout en conseillant Fénelon et en recevant ses hommages de disciple, ne pouvait méconnaître à quel point il différait, lui, le Bourguignon ardent mais sensé, mystique mais logique, franc mais naïf et un peu lourd, de ce jeune méridional, brillant, imaginatif, rêveur, subtil, alerte, ouvert à tous les souffles, esprit d'artiste et de poète, âme passionnée, mais complexe, expansive et fuyante tout ensemble, débordante et renfermée à la fois. Et que ces différences radicales choquassent Bossuet depuis longtemps, il l'a avoué sur la fin de sa vie, et Fénelon vivant : « M. de Cambrai ne fut jamais qu'un parfait hypocrite. »

Il disait cela en 1701. Mais dès avant 1694, la façon dont Fénelon ménageait sa fortune ne pouvait que l'indisposer. Que cet abbé de petite noblesse périgourdine, parvenu de bonne heure, et par un avancement assez imprévu, au poste de précepteur des petits-fils de Louis XIV, ait conçu le rêve hardi d'être le directeur secret de la cour dans les dernières années du règne ; que plus tard, même dans sa disgrâce, il ait conservé ce rêve, poursuivi sous main cette entreprise de domination dont l'avènement du duc de Bourgogne pouvait d'un moment à l'autre faire une triomphante réalité, — cela est, je crois, incontestable. Du reste, c'était son droit. Mais notez que ce poste envié de précepteur du Dauphin, Bossuet l'avait occupé sans en rien retirer ; qu'après avoir vécu dix ans à la cour dans le voisinage le plus proche du roi, il était rentré dans le rang sans garder de cette grandeur aucune influence réelle. Certes il l'avait voulu ainsi. Mais les honnêtes gens désintéressés ne s'en dépitent pas moins quand ils voient un plus habile ou moins scrupuleux profiter des bonnes occasions qu'ils ont consciemment laissé perdre. Et Bossuet pouvait d'autant plus regretter son abstention que, d'abord, il sentait plus vivement tous les jours à quel point la direction des idées et des événements lui échappait ; qu'ensuite il prévoyait bien que si Fénelon s'emparait de la situation laissée par lui vacante, ce ne serait point pour continuer son œuvre. Rien qu'en politique, quoique le *Télémaque* n'eût pas encore paru, les opinions de Fénelon étaient probablement assez notoires déjà pour que Bossuet sût tout ce qu'il fallait craindre de l'auteur « chimérique » de ce « roman » frondeur, « indigne, » du reste, par « sa galanterie et son style efféminé..., d'un prêtre et d'un chrétien ».

Par ces antipathies s'expliquent bien des particularités fâcheuses de l'attitude de Bossuet en cette querelle. De là, cette espèce de plaisir qu'il a de convaincre d'erreur son adversaire, dûment, pleinement, surabondamment. De là cette mauvaise volonté raide, mal complaisante aux accommodements, répugnant à faciliter les choses, dès le début, malgré les dispositions conciliantes de Noailles, de Tronson, de Pirot, qui ne demandaient que le silence et la paix. De là enfin, dans tout le procédé, une charité hautaine, où perce une bienveillance avare, et dont Fénelon, après tout, n'avait pas tort de s'irriter. Combien avec les insubordonnés Jansénistes, Bossuet avait été, et devait rester, jusqu'à la fin, plus accommodant !

Mais si, dans ces rigueurs de Bossuet contre Fénelon, l'animosité personnelle eut probablement une part, il faut se hâter de dire que chez lui, comme chez Fénelon, les motifs intellectuels et religieux dominèrent. S'ils acceptent tous deux, avec tant d'âpreté, cette lutte, c'est que tous deux pensent que le problème dont il s'agit est capital et que chacun d'eux croit sa solution la seule bonne.

Celle de Bossuet était-elle viciée par une impuissance à comprendre le mysticisme ? Après ce que nous savons de lui, il est inutile, je pense, de réfuter cette assertion. Nul, au contraire, n'est plus convaincu que lui de la nécessité, dans la vie chrétienne, de l'amour de Dieu, et de la possibilité, pour toute âme fidèle, d'entrer et de rester en contact intime avec l'Être infini. Mais précisément pour cela, il estime que les préceptes propres à conduire les chrétiens dans cette voie d'amour, où ils sont tous appelés, doivent être simples, clairs, pratiques, compatibles avec la vie active même dans le monde; il ne veut pas que les fantaisies d'imaginations subtiles ou échauffées égarent dans les sentiers bizarres que hantent les visions cette ascension nécessaire de la créature vers le créateur. D'où sa défiance collective pour les auteurs mystiques : la plupart, qu'ils le voulussent ou non, n'ont écrit que pour un public d'élite; de plus, séduits par la noblesse des tendresses divines, ils ont trop négligé de rappeler constamment les âmes à l'exercice terre à terre, trop peu glorieux, des vertus ordinaires; enfin leur tendance commune a été d'ériger en principes généraux des « expériences » individuelles. Pour Bossuet la vraie science mystique est contenue, comme le reste, tout entière dans la Bible, dans l'Évangile. C'est là qu'il la cherche et qu'il la trouve, pour lui-même et pour ses dirigées. Aux religieuses dont il conduit l'ascétisme, il est bien rare qu'il recommande d'autres lectures que les livres sacrés. Ce qu'il exige d'elles, en revanche, et sans se lasser, c'est précisément le contraire de ce que peut produire la littérature des mystiques : la *simplicité* et l'*action*. — Ne point se « sentir trop », ne point s'exalter et se guinder; aller « rondement » en se regardant moins soi-même qu'on ne regarde Dieu, en travaillant à contenter Dieu plus que soi-même, et sans trop se demander si l'on y réussit; laisser « bonnement et simplement » agir en nous « ce bon maître » par les mouvements spontanés « qui naissent tout seuls du fond de l'âme », sans nous travailler à produire, « comme par force », des états artificiels et insincères; emplir d'amour, sans effort, notre âme élargie et sereine : voilà ce que Bossuet répète sans cesse. — Puis à cette tranquillité humble et confiante, ajouter l'action, que l'oraison doit réveiller, loin de l'endormir. L'action *dévote*, d'abord : la « pratique » régulière, joyeuse, des sacrements. Qu'on n'aille point, sous prétexte de scrupules ou d'oraisons mentales plus épurées, se priver de la « communion » des bonnes gens. « La communion journalière doit être votre soutien », ordonne Bossuet à la sœur Cornuau, et jusqu'à lui dire, dans un style à dessein brutal : « Dévorez, absorbez, engloutissez : saoûlez-vous de ce pain divin ». Mais il veut, autant ou même plus, l'action *morale*. La meilleure marque que l'âme est parvenue à Dieu, et qu'elle y vit, c'est sa conversion, son progrès dans la vertu, son humilité, sa mortification, sa charité fraternelle, sa pureté croissante. Voilà qui vaut mieux que la recherche des extases mystérieuses, des émotions « ineffables » et des suavités consolatrices, « mieux que les oraisons et les pénitences, mieux même, en un sens, que les communions ». « Le dessein de l'oraison n'est pas de nous faire bien passer quelques heures avec Dieu, mais que toute la vie s'en ressente et devienne meilleure. » — Dès lors, ce que Bossuet pouvait penser du « quiétisme », déjà condamné d'ailleurs, de Mme Guyon, de ses « torrents » et de ses « pâmoisons », on le voit sans peine.

Quant à Fénelon, sans doute il n'adoptait pas expressément pour son compte le Quiétisme proprement dit. Mais tout de même il défendait avec une opiniâtreté intransigeante Mme Guyon, et de plus il tenait pour le « pur amour » ; il affirmait la possibilité, la légitimité, la sainteté supérieure et enviable d'un état où, d'une façon continue, l'âme, détachée absolument de son moi, en fait à Dieu le sacrifice d'une façon tellement complète et radicale, que son propre salut lui devient indifférent. Et cela, Bossuet, conformément à ses principes, se refuse encore à l'admettre. Ici encore, la nouveauté qu'il avait à combattre se trouvait toucher à l'une des bases de sa foi chrétienne : à cette admiration, dont nous l'avons vu pénétré dès sa jeunesse, de la conformité merveilleuse entre les enseignements de la religion et le besoin de bonheur que toute la nature respire. A ses yeux, de ce désir de bonheur, instinct légitime, l'homme ne peut jamais se défaire, surtout à ce degré, et si, parfois, par instants, « en passant et dans un mouvement rapide », cette désappropriation surhumaine peut exister, c'est un sentiment extraordinaire dans lequel on ne saurait se fixer. C'est un éclair, ce n'est pas un « état ». Aussi bien à Dieu ne plaise que la perfection de la religion consiste justement à se dépouiller de ce désir du salut, qui, en somme, est le désir de Dieu, et qui doit être la fin, comme il est le commencement, de la vie religieuse !

Ainsi, de toute façon — non seulement quand

Bossuet poursuivait en Fénelon l'incompréhensible champion d'une femme exaltée et déjà frappée par l'Église, mais quand il se contentait de scruter à fond les vues mystiques, personnelles et avouées, de son adversaire, — ce qu'il trouvait devant lui, c'était, plus ou moins hardiment exprimée, une conception du christianisme tout à fait contraire à la sienne, et derrière laquelle pouvait s'apercevoir une série de conséquences subversives : — le dédain de l'effort moral, des « œuvres », des prières, du culte ; — l'affaiblissement de la foi positive, subordonnée à l'amour, et noyée dans une charité enivrante et confuse ; — l'effacement de la personne de Jésus-Christ, au profit d'un Dieu vague qui n'aurait plus besoin d'être le dieu personnel de l'Évangile ; — et enfin, par suite de la prétention de ces mystiques raffinés à se suffire à eux-mêmes et à dédaigner les intermédiaires entre eux et Dieu, un commencement de suppression de l'Église, une sorte d'individualisme analogue à l'indépendantisme protestant. Toutes ces conséquences, Fénelon (il est à peine besoin de le dire) les eût énergiquement, et sincèrement, désavouées. Déjà pourtant, certains disciples de Mme Guyon, de Molinos et du P. La Combe, avaient à Dijon, dans la patrie de Bossuet, de scandaleuses aventures qui se dénouaient à la Bastille. En tout cas, et en admettant même qu'elles fussent excessives, les inquiétudes de Bossuet nous expliquent cette animosité rigoureuse à l'égard de Fénelon qu'on lui a tant reprochée et qu'on lui reproche encore. De ce point de vue, il pouvait dire qu' « il y allait de tout le christianisme ». De ces sommets il pouvait regarder Fénelon presque comme il eût regardé Luther.

Avec l'aide, qu'il sollicita du reste, de Louis XIV, et que Louis XIV, alors mal disposé pour Fénelon, lui accorda volontiers, on sait que Bossuet triompha, mais ici encore, d'un triomphe douteux et stérile. Non pas seulement parce que l'attitude extérieure de Fénelon, belle comme une pénitence de l'ancienne Église, avec quelque chose d'éminemment noble en sa correction douloureuse et habile, lui ramena les sympathies ; — non pas seulement parce que les événements politiques et religieux firent du prélat condamné un de ces hommes que la société française inquiète regardait avec espoir ; — mais parce que ses idées mystiques elles-mêmes, loin d'être tuées par cette lutte malheureuse, en reçurent, sous les yeux de Bossuet, une publicité qui les servit. D'une part, ce que les écrits de l'archevêque de Cambrai, tout pleins de littérature ascétique, avaient montré, c'est qu'il n'était pas « seul », comme Bossuet l'avait cru ; c'est que son mysticisme, à lui aussi, avait sa « tradition », et que nombre de docteurs orthodoxes, mal connus de son grand adversaire, avaient plus ou moins autorisé jusqu'aux étrangetés dont celui-ci faisait tant de bruit. Et il semble bien, — ne fût-ce que par la *Deuxième instruction sur les États d'oraison*, — que Bossuet, à la fin de la querelle, faisait aux mystiques, sur la légitimité d'une foi démêlée de toutes les images terrestres et de tous les raisonnements humains, des concessions qu'il n'eût pas faites au début. Puis, enfin, la thèse de Fénelon était telle que les aspirations, un peu troubles, du siècle finissant, y trouvaient leur compte. Après cent ans d' « esprit », de raison, de psychologie, d'analyse, une certaine lassitude se marquait des intellectualités sèches. On rêvait de sentiment, de fraîcheur, d'onction. La « sensibilité » perçait déjà, même chez les esprits sérieux et chrétiens. On demandait aux prédicateurs de prendre l'homme par le cœur et les larmes, et à Bourdaloue succédait Massillon. Les protestants eux-mêmes s'ouvraient à une dévotion plus tendre. Et tandis que Mme Guyon était réhabilitée et adoptée par eux, en Hollande, en Allemagne, en Angleterre, en Suisse, — Bossuet, en France, pouvait voir les chansonniers travestir et railler sa doctrine sur « l'amour intéressé », tandis qu'on souriait au système mystique, plus piquant, plus touchant, plus chevaleresque, si l'on peut dire, de son rival vaincu[1].

1. On peut consulter, sur ces questions, qui passionnent encore, Brunetière, *Nouvelles Études critiques : la querelle du Quiétisme*; l'abbé Bellon, *Bossuet, directeur de conscience*; Crouslé, *Fénelon et Bossuet*; G. Lanson, *Bossuet*, chap. VIII et X; le P. Chérot, *le Quiétisme à Paris et en Bourgogne en 1698*; la correspondance, — « à la fois puérile et bizarre », dit l'abbé Levesque, — de Fénelon et de Mme Guyon, publiée par Maurice Masson (Hachette, 1907); l'*Apologie pour Fénelon* de l'abbé Brémond (1910); l'*Explication des Maximes des Saints*, publiée par Albert Chérel; — l'*Histoire de France* publiée sous la direction de M. Lavisse, t. VIII, première partie, p. 285-287, 302-310, 315-321, 325-329, 408-411, où l'on verra les circonstances politiques et religieuses dont cette querelle se ressentit. Voir enfin les nombreuses études ou documents publiés par les abbés Levesque, Urbain et Griselle, dans la *Revue du Clergé*, la *Revue Bossuet* et ses suppléments (1900-1911), la *Revue Fénelon*, la *Revue d'Histoire de l'Église de France* et la *Revue d'Histoire littéraire de la France*.

CHAPITRE X

LES DERNIÈRES POLÉMIQUES : LEIBNIZ, RICHARD SIMON, LES CASUISTES. — L'HOMME. — LA VIE PRIVÉE DE BOSSUET : SA NATURE INTELLECTUELLE ET MORALE.

I

« C'était de quoi accabler M. de Meaux », écrivait la sœur Cornuau, « que ses grands travaux dans l'affaire du Quiétisme. » A un âge avancé, il lui avait fallu s'imposer sur des sujets peu familiers des recherches considérables, et suivre, dans la dispute, les évolutions d'un adversaire infiniment mobile, qui l'obligeait sans cesse à « changer ses mesures ». Pourtant cette « grande affaire » ne l'absorbait pas.

En 1695, il repousse l'attaque du dominicain Rocaberti, archevêque de Valence, contre la doctrine gallicane de 1682. En 1697, il défère à la Sorbonne une traduction récente de la *Mystique cité de Dieu*, ou *Histoire divine de la Très Sainte Vierge manifestée par elle à la sœur Marie de Jésus*, la fameuse cordelière d'Agreda. En 1698, il est associé au changement de la politique de Louis XIV à l'égard des protestants restés en France, inspire les *Instructions* plus douces envoyées alors aux Intendants, soutient une longue correspondance à ce sujet avec l'intendant Lamoignon de Bâville et les évêques du midi de la France. En 1699, il reprend, à la prière de Leibniz, la négociation — à laquelle il s'était déjà mêlé de 1691 à 1693 — d'une rentrée des Luthériens dans l'Église romaine, et il la poursuit deux années. Il ne fait pas alors un voyage de Meaux à Paris « sans emporter le portefeuille des écrits des théologiens de Hanovre ». En même temps, il se retourne encore une fois vers les protestants restés en France, et, dans deux *Instructions pastorales sur les Promesses de Jésus-Christ à son Église*, il leur adresse un dernier appel.

L'année 1700, où se réunit une assemblée générale du clergé, lui apporte un redoublement de labeur. Il tient à profiter de cette réunion de l'Église française pour faire condamner par elle, non seulement les erreurs quiétistes que Rome venait de frapper, mais les erreurs molinistes ou jansénistes qui, de nouveau, entraient en conflit, et principalement les propositions que les casuistes relâchés osaient de nouveau soutenir. Après avoir signalé au roi et à Mme de Maintenon ces renaissances pernicieuses, après avoir revu ses mémoires de 1682 sur ces matières et en avoir composé d'autres qu'il soumet à l'assemblée, c'est lui qui, dans les commissions, rédige les décisions à prendre et les instructions à envoyer au clergé de France. Puis il réfute et il dénonce à Rome les concessions du cardinal Sfondrata sur le péché originel et le salut des enfants morts sans baptême ; il combat, avec la faculté de théologie de Paris, la tolérance des Jésuites, aux Indes et en Chine, pour les rites païens.

De 1700 à 1704, tout le temps, il est occupé des Jansénistes et de Richard Simon. Ceux-là prétendaient réhabiliter les assertions condamnées de leurs anciens patrons sur la grâce ; celui-ci, après avoir continué de démolir « la tradition et les Saints Pères » sur l'exégèse de l'Ancien Testament, donnait une traduction française de l'Évangile faite d'après ses principes. Contre les Jansénistes, il entreprend un ouvrage sur l'autorité des *Jugements ecclésiastiques* ; contre Simon, il termine sa *Défense de la Tradition* et interdit par deux vigoureuses *Instructions* la version du Nouveau Testament. Ajoutons que, depuis 1700 aussi, il travaille assidûment à mettre en état de paraître sa *Politique tirée de l'Écriture sainte.* Si l'on tient compte avec cela qu'il s'acquitte scrupuleusement de ses devoirs d'évêque, jusqu'à faire parfois le catéchisme dans la cathédrale de Meaux, jusqu'à parcourir son diocèse en prêchant, « en allant d'une paroisse à l'autre, l'Évangile à la main[1] », on aura l'idée — incomplète encore — de cette activité d'un homme de soixante-quinze ans.

II

Activité d'autant plus méritoire que ces dernières polémiques ne pouvaient que l'enfoncer dans un

1. L'abbé Le Dieu, *Mémoire*, p. 119. Cf. *Revue Bossuet*, 1900 et 1904.

sentiment de défaite ou lui imposer le désaveu de l'attitude généreuse qu'il avait prise naguère, dans la foi élargie et vaillante de sa glorieuse maturité.

Dans le domaine des faits, il était obligé, comme Louis XIV, de reconnaître que la révocation de l'Édit de Nantes, chantée par lui dans les oraisons funèbres, avait été inutile, et que la persécution échouait contre l'incoercible résistance des âmes. Ici du moins, cette constatation avait un heureux résultat : elle obligeait sa charité et son bon sens à accepter, dût sa logique en souffrir, l'opportunité d'une demi-tolérance qui épargnât au moins aux « nouveaux convertis » l'hypocrisie sacrilège des pratiques.

Dans le domaine des idées, les manifestations nouvelles n'étaient pas faites pour consoler sa piété, si elles pouvaient flatter sa clairvoyance.

Avec Leibniz, tous ses efforts n'arrivaient qu'à se convaincre une fois de plus que l'obstacle du libre examen s'opposait à jamais à la fusion de l'Église catholique et des Églises protestantes, luthérienne comme calviniste, si près d'ailleurs qu'elles se pussent approcher sur tous les points du dogme, de la discipline, de la morale, du culte. C'est là ce qui éclatait à chaque instant dans ce long dialogue par écrit, courtois et conciliant en apparence, raide et intransigeant au fond, de ces deux grands esprits, qui ne se payaient de mots ni l'un ni l'autre. « *Hier* on croyait ainsi; donc *aujourd'hui* il faut croire de même », disait et répétait le docteur catholique. « Mais que faire — répliquait, non sans ironie, le philosophe et historien protestant, — s'il se trouve qu'*avant-hier* on croyait autre chose? » Et puis, « quand j'accorderais que jusqu'ici on a toujours maintenu ce qu'on a trouvé établi dans la foi, cela ne suffirait pas pour en faire une règle pour toujours. « Mais alors, s'écriait Bossuet, examinez devant Dieu si vous avez quelque moyen d'empêcher l'Église de devenir éternellement variable? » À quoi Leibniz ne pouvait répondre que par le mot célèbre : « Il nous plaît, Monseigneur, d'être de cette église toujours mouvante et éternellement variable », — fin de non-recevoir décisive que Bossuet avait déjà entendue de Claude et de Jurieu.

Avec Richard Simon, ce qui s'imposait à lui, c'était, définitivement, la nécessité d'un divorce de la religion et de la « Critique ». Puisque, sans se soucier des rudes avertissements du prélat, l'Exégèse et l'Histoire ecclésiastique nouvelle avaient persisté dans leurs témérités; puisque, s'attachant à ce Livre fondamental du christianisme, « qui ne doit perdre ni un iota, ni un de ses traits », elles en discutaient le texte au mépris des conséquences possibles pour la morale et pour le dogme, ici affaiblissant une parole sur laquelle l'interdiction de l'usure est fondée, là contestant un détail qui pourtant prouve la divinité de Jésus-Christ; — puisqu'enfin, ouvertement insoucieuses des solutions antérieures et officielles, elles n'avaient pas scrupule de « laisser un chacun juger » à sa guise les difficultés de l'Écriture; — il n'y avait plus qu'à bannir, ou à enchaîner, l'Histoire et l'Exégèse. Bossuet n'admet plus désormais l'une et l'autre que bâillonnées. L'une et l'autre doivent, avant tout, se préoccuper de ne manquer ni à la « piété », ni à la « prudence », de « ne pas faire de peine aux croyants », de n'affaiblir point chez les gens du monde et dans les peuples le respect des Saints Pères et de l'histoire sainte traditionnelle. Si la science prétend être recherche de nouveauté, n'hésitons pas à dire qu' « il n'y a pas de science de l'Écriture », car ici, il n'y a point, ou presque point, de nouveau à trouver. « Quand on veut mieux dire que l'Église, on est assuré de dire mal. » « La véritable leçon » des textes sacrés « est fixée par les citations et les interprétations des Saints Pères ». Point de grammaire, pas plus que d'histoire. La connaissance des langues n'est pas nécessaire. Saint Augustin, sans hébreu, a tout vu et tout su. L'étude de la Bible se réduit à la connaissance des Saints Pères. « *La tradition tient lieu de tout.* » Et l'intolérance scientifique de Bossuet se formule en anathèmes que du moins on ne pouvait accuser d'équivoque. — Mais si ces draconiennes étroitesses découlaient logiquement, par un certain côté, des préventions anciennes comme des appréhensions nouvelles de son mysticisme, elles étaient, d'autre part, trop en désaccord avec la plus noble partie de son œuvre pour qu'on puisse supposer qu'elles ne lui coûtaient pas ; que cette réaction vers la tyrannie, pour le silence et les ténèbres, s'accomplissait sans douleur dans un esprit conscient ; que ce demi-disciple de Polybe et de Descartes, cet auteur de l'*Histoire des Variations* et de la *Connaissance de Dieu et de soi-même*, devenait sans embarras ni regret, le proscripteur ou l'étouffeur de toute histoire et de toute connaissance.

Quant à la morale, le mal dépassait ses prévisions. Il ne pouvait en croire ses yeux de voir constamment repousser les têtes de l'immoralité casuiste. Bien plus, semblait-il pas que le christianisme se résignât à admettre en ses veines ce honteux « poison du *relâchement* », quand on voyait dans le culte même, les Jésuites pactiser avec l'idolâtrie orientale, et, jusque dans le dogme, un cardinal romain tergiverser sur l'absolue nécessité du baptême et sur la damnation des païens! Qu'était-ce que cette lâche condescendance aux répugnances humaines, que ces « sentiments énervés qui détruisent toute la force de la piété chrétienne », que cette « fausse miséricorde qui ne sait pas adorer », dans les caprices de la prédestination, les secrets de la sagesse éternelle? *Obstupuimus ad inauditas voces*, écrit Bossuet au Pape en le conjurant de sévir :

La doctrine est dans le même état de corruption qu'elle était chez les Juifs à la veille de la venue de Jésus-Christ.

Par surcroît, voici que les anciens et naturels alliés de Bossuet dans cette lutte contre la casuistique — les Jansénistes — lui manquaient. Eux qui, en se tenant à saint Augustin, auraient eu la partie si belle! Ils s'obstinaient aux chicanes d'antan. Ils ressassaient les vieilles querelles, se plaisaient à embarrasser l'archevêque de Paris leur protecteur, exigeaient sottement de leurs secrets amis des gages compromettants, donnaient d'eux-mêmes, enfin, l'idée d'un « parti » révolutionnaire, dont le « zèle amer » « accoutumait le monde à mépriser les censures de l'Église ». Bossuet, la mort dans l'âme, était obligé, à l'assemblée de 1700, de poursuivre leur condamnation en même temps que celle de leurs communs ennemis.

Il est vrai que l'une était la rançon de l'autre. Car les temps étaient bien mauvais et les cœurs bien médiocres. En face de ces multiples dangers, l'irritation et l'angoisse de Bossuet ne rencontraient guère d'échos. Comme si, après un siècle de persécutions, les puissances ecclésiastiques et civiles fussent lassées de sévir, elles faisaient la sourde oreille, et Bossuet, requérant leur intervention, se sentait importun. Ceux qu'il accusait trouvaient des sauveurs. On arrachait Ellies du Pin de ses mains. On l'engageait lui-même à ménager cette érudition, l'hébraïque surtout, à laquelle on lui insinuait respectueusement qu'il n'entendait rien. La traduction du Nouveau Testament de Richard Simon s'imprimait à l'imprimerie jésuite de Trévoux. Et à l'assemblée de 1700, il avait beau menacer, si l'on épargnait les Casuistes, de « révéler à toute la terre une si honteuse prévarication », et de parler, de « crier », seul, si les autres gardaient le silence : — le roi et les évêques ne consentaient qu'on « fît de la peine » aux Jésuites qu'à la condition d'en faire aux Jansénistes, et qu'on ne « nommerait » personne.

Mais cette humiliation et cette tristesse de ne plus se voir suivi, ni compris, ni aidé, il allait avoir à l'éprouver, à propos de ses réponses à Richard Simon, d'une façon poignante. Il venait d'écrire de verve, il faisait imprimer en hâte, son instruction pastorale contre cette version suspecte de l'Évangile. Soudain (novembre 1702) il apprend que le chancelier Pontchartrain en a fait suspendre l'impression comme illégale, sous prétexte que les évêques ont besoin, pour publier quoi que ce soit, du visa de l'autorité séculière. Donc, par un retour ironique des choses, il voyait un de ses livres traité comme il avait fait traiter jadis l'*Ancien Testament* du même Simon. C'était par cette avanie que le gouvernement de Louis XIV payait le vieux serviteur qui luttait depuis cinquante ans pour la paix et la pureté de l'Église gallicane comme pour la solidité du trône! C'était là qu'en venait cette royauté laïque pour l'absolutisme de laquelle il avait jadis si vaillamment combattu, et dont à cette heure, encore, il soutenait la cause dans sa *Politique*! « Il ne lui servait donc de rien d'avoir si libéralement abandonné tout le temporel à César[1]. »

Froissé, indigné, il en appelle à Louis XIV.

Quoi! « chacun fait imprimer ses factums pour les distribuer aux juges, et l'Église ne pourra pas faire imprimer ses instructions et ses prières pour les distribuer à ses enfants et à ses ministres! »

Il n'obtint qu'une demi-satisfaction. Rien d'étonnant que son gallicanisme ait été, comme on l'a soutenu avec apparence[2], un peu ébranlé par cette expérience instructive. D'autant qu'elle venait après beaucoup d'autres. — Ces Protestants, pour l'amour desquels il avait, en grande partie, combattu les usurpations ultramontaines, non seulement il voyait, à n'en pas douter, que leur retour était désespéré, mais encore, dans sa récente dispute avec Leibniz, il avait pu remarquer que l'idée de la suprématie romaine n'était pas ce qui leur déplaisait le plus. — Cette Église nationale, où il avait cru que l'autonomie

1. Pierre Leroux, art. Bossuet dans l'*Encyclopédie nouvelle*.
2. A. Griveau, *Étude sur la condamnation des Maximes des Saints*, t. II.

assurerait la prédominance des modérés, il la voyait au contraire user de sa liberté pour s'asservir aux partis extrêmes, ici du Jansénisme, là des Jésuites. — Cette autorité dogmatique des évêques, qu'il croyait, lui, investis par Dieu, autant que le pape, de la connaissance et de la dénonciation des hérésies, il l'avait sentie impuissante dans cette querelle du quiétisme où le roi et lui-même avaient approuvé Fénelon de porter l'affaire au Saint-Siège ; et à présent, l'opposition irréductible des Jansénistes, leur récrimination perpétuelle contre les jugements dont ils avaient autrefois été l'objet, il comprenait bien qu'il n'y avait pour la briser que Rome. On s'explique, qu'après ces dures leçons ses derniers écrits trahissent une tendance à donner beaucoup plus à l'autorité du Pape qu'il ne lui donnait vingt-cinq ans plus tôt, et à révérer plus docilement ce magistère de Rome dont la souveraineté lointaine devait lui apparaître plus que jamais comme l'indispensable lien de l'unité catholique.

Ainsi l'on voit que de tous les échecs et de toutes les déceptions que le mouvement des idées et les vicissitudes de l'histoire peuvent infliger à qui a le malheur de trop vivre, aucun ne lui était épargné.

III

Assurément le spectacle de tant de nouveautés contrariantes l'étonnait, et d'autant plus que la gravité en allait croissante. Certes le Quiétisme, où il voyait naguère le plus grand danger que la religion pût courir, n'était rien en comparaison de cette critique effrénée, qui se « jouait de l'Église », de Richard Simon et de ses adeptes. Mais puisque cette fois, vraiment, visiblement, « il en va de tout pour la religion, malheur à ceux « qui dorment » ! Pour lui, il ne sera pas de « ces sentinelles négligentes » qui se lassent de « sonner de la trompe sur la maison d'Israël ». La tristesse n'altère pas chez lui la confiance dans les « promesses » divines, ni dans la solidité de cette Église, qui a vu d'autres épreuves. « Il faudra bien qu'à ses pieds M. Simon, comme les autres novateurs, tombe. J'oserais même assurer que son terme est court. »

Et il travaille sans découragement à hâter le triomphe de la vérité. En 1698, il se sent encore jeune. « Ah! que je suis en bon train », écrit-il dans une lettre privée où il montre à un correspondant « le faible de ce pauvre M. de Cambrai... ; que c'est dommage qu'on me vienne querir pour vêpres! » Il reprend, en 1700, son ancienne coutume de se lever la nuit. Mais la maladie vient, la pierre, avec ses douleurs aiguës. D'abord, et tant qu'il peut, il la cache ; il ne veut pas que le bruit des infirmités de l'homme discrédite l'auteur. Pourtant, en 1702, il lui faut renoncer à la parole publique, et le jour de Pâques de cette année, donnant, l'après-midi, le sermon à la cathédrale, il fait à son diocèse ses adieux et recueille pour lui en un dernier discours « les vérités capitales du salut ». A dater de ce jour, renfermé, le plus souvent, dans son cabinet ou couché dans son lit, il presse, il précipite ses écrits commencés, avec la hâte du bon ouvrier qui voit le soleil descendre. Pour travailler à l'aise, il songe à se démettre de son évêché. Il économise les rares instants de répit que le mal et les affaires lui laissent. « Ce mardi, 3 de juillet [1703], écrit son secrétaire, M. de Meaux n'entendit pas la messe et voulut passer toute la matinée à son travail. » Presque constamment souffrant, il conteste sa décadence physique.

Ne soyez pas en peine de ma santé; vous la croyez plus languissante qu'elle n'est. J'espère que Dieu me donnera le temps de rendre à l'Église le service que vous souhaitez.... Dieu semble vouloir tous les jours réparer mes forces par la bénédiction qu'il donne aux remèdes.

Et puis, si les ennemis de l'Église ne lui parlent que de son grand âge, si Basnage l'avertit qu'il baisse, le ministre protestant confesse tout de même « que le feu de son esprit et la vivacité de son style sont encore redoutables! » Qu'en tout cas, ils le plaisantent, tant qu'ils voudront, de s'atteler encore à de grands ouvrages, à cette réfutation de Simon, qui ne convient pas à ses forces présentes : « ils seront peut-être consolés d'apprendre que la chose est déjà toute exécutée... ». Oui, mais, cela fait, il y a encore tant à faire! Il faudrait s'occuper à présent de ces incrédules avérés que la critique de Richard Simon et des Sociniens encourage et dont le nombre s'accroît tous les jours; il faudrait que dans la chaire on se remît à prêcher les mystères, qu'on expliquât le dogme, qu'on prouvât la foi. Or la seconde partie de son *Discours sur l'Histoire universelle* lui paraît être précisément la « preuve complète » de la vérité du Christianisme : il y a là « de nouveaux arguments qui n'ont pas été traités par les Saints Pères et qui sont faits pour répondre aux nouvelles objections de ces athées[1] ». Au mois de janvier 1704, il se fait relire cette histoire, il s'occupe à la parfaire, à la fortifier. Au mois de février, il revoit et corrige ses *Méditations sur l'Évangile* et l'ouvrage où il maintient contre Richard Simon cette invariable perpétuité de la foi de l'Église dont il doute moins que jamais, et qu'il s'engage à démontrer le « plus facilement et aussi le plus brièvement » du monde « *contre les nouveaux critiques et les protestants unis ensemble* ». Il achève et livre à l'impression son *Explication d'Isaïe*. Il va terminer la *Politique*. Quand il meurt[2], le 12 avril 1704, Saint-Simon pouvait dire qu'il mourait « les armes à la main[3] ».

IV

Dans l'exposé de cette vie intellectuellement très pleine et très vide en événements, où les écrits se succèdent si vite et s'enchaînent si étroitement que le biographe est obligé, comme Bossuet lui-même, de courir d'une œuvre à l'autre, à peine si l'occasion se présente de laisser entrevoir l'être réel, la personne sociale, l'homme où vécut cette pensée toujours en action. Cependant il convient d'en parler avec quelque

1. Le Dieu, *Journal de la vie de Bossuet* (1702-1704). Cf. Brunetière, *Études critiques*, t. V, p. 95 et suiv.
2. A Paris, rue Sainte-Anne, n° 46 actuel.
3. Cf. Levesque, *Revue Bossuet*, 1901; le P. Chérot, *Études*, 1904.

étendue, car malgré les efforts récents de l'histoire et de la critique [1], le vrai caractère de Bossuet est encore aujourd'hui mal connu. Ce qui est resté un siècle et demi, ce qui restera longtemps encore ancré dans la mémoire des hommes, c'est l'impression exclusive de la dernière attitude de Bossuet, de ses batailles, de son duel surtout avec Fénelon, resté « personnage sympathique »; — l'impression d'un Bossuet merveilleusement énergique, mais dur et colère; majestueux, mais pompeux et superbe; — en somme le Bossuet du portrait de Rigaud ou du buste de Coysevox qui sont au Louvre. Même au physique, pourtant, il existe des images de lui assez différentes. Et, au moral, à côté de l'âpre Bossuet des derniers jours, à côté du Bossuet solennel des grands jours, il y eut un Bossuet de tous les jours, doux et simple.

Sur la douceur, je sais bien que tout de suite on se récrie. Il est entendu que de la terreur catholique de 1685 et des années précédentes ou suivantes, c'est Bossuet qui doit porter le crime et la honte. Révocation de l'Édit de Nantes, dragonnades, il a tout fait. Un député, qui s'appelait Lamartine, l'a dit un jour à la tribune, sans que personne protestât. Même il accusa Bossuet, par surcroît, d'avoir fait raser Port-Royal. Il faut répéter que ces accusations sont, les unes très sûrement, les autres très probablement fausses. Bossuet ne faisait pas partie du « conseil de conscience » de Louis XIV; nul contemporain bien informé ne l'a accusé d'avoir ins-

1. MM. Brunetière, Crouslé, Lanson.

piré la Révocation; selon toute apparence, il n'y eut aucune part; chargé comme tous les évêques de France, ni plus ni moins, de l'appliquer, il fut de ceux qui s'en acquittèrent avec le plus d'humanité; les rigueurs dont on peut supposer qu'il eut la regrettable initiative sont fort peu nombreuses et mal connues; enfin loin d'afficher « du zèle » dans ces tristes exécutions, il fit, ce semble, à la cour comme à ses confrères, l'effet d'avoir été tiède. Même, au rapport d'un nouvelliste du temps, Louis XIV, un jour, le lui fit sèchement sentir.

On ne peut pas plus justement lui reprocher sa « brutalité » d'administrateur. Ses prétendues « persécutions » contre les couvents de Sainte-Glossinde à Metz, de Faremoutiers, de Rebais et de Jouarre dans le diocèse de Meaux, ne furent ni des chicanes d'archidiacre taquin, ni des excès de pouvoir d'évêque tyranneau. Il fallait bien réduire à la règle ces nonnes étranges de Lorraine, dont l'abbesse avait vendu les reliques et les cloches du monastère et courait les bals masqués; réduire à l'obéissance de l'évêque ces religieux et ces religieuses de Meaux qui, sous prétexte de relever directement du Pape, ne voulaient dépendre de personne. Et si « M. de Meaux » ne put entrer qu'avec l'aide du bras séculier et en faisant briser les portes, dans le monastère de Jouarre, il n'y eut en cette tragi-comédie aucun des épisodes — plus pathétiques du reste que sérieux, eux aussi — de l'expulsion des religieuses de Port-Royal.

La vraie réserve qu'il faut faire sur cette douceur, c'est celle que l'histoire de ses controverses a pu déjà plus d'une fois nous suggérer : c'est que, pour empêcher la propagation d'idées qu'il estime dangereuses, il ne recule, même matériellement, devant rien : Richard Simon, Caffaro, Fénelon l'éprouvèrent, et aussi l'un de ses vieux maîtres, Launoy, dont il fit interdire, sans pitié, les conférences privées. Ainsi encore dans la discussion, cette douceur disparaissait vite. Très convaincu, et justement, de la pureté de ses intentions, très convaincu aussi, et à l'excès, de l'aveuglante évidence de ses idées, il avait une pente à la violence. Jusque dans ses lettres on s'en apercevait. Leibniz se plaint de son ton décisif et altier, de sa « fierté choquante ». Écoutez, du reste, cette description que Bossuet fait d'une belle dispute :

> On s'échauffe naturellement comme dans une espèce de lutte. On se tâte, pour ainsi dire, l'un l'autre dans les premiers coups qu'on se porte. Et quand on croit avoir senti le faible, tout ce qui suit est plus vif et plus pressant.

Trop « vif », apparemment, et trop « pressant ». D'une « conférence » avec lui, Mme Guyon sortit « la tête épuisée » et resta « plusieurs jours malade ». Et Fénelon, qui jadis s'était égayé de la véhémence de son illustre ami — « je m'imagine, lui écrivait-il, vous voir en calotte à oreilles, tenant M. Dupin comme un aigle tient dans ses serres un faible épervier », — Fénelon lui-même s'effraya, comme Malebranche et Simon, d'un de ces tête-à-tête.

Il n'en est pas moins vrai que, dans le commerce ordinaire de la vie, là où l'on peut sans scrupule tolérer, pardonner, « prendre le bon de tout le monde », Bossuet témoignait d'une humeur pacifique. Et cette mansuétude clémente — que la nature elle-même, remarque-t-il quelque part dans un curieux et poétique passage, nous enseigne — était, dans ces rapports journaliers, si marquée, qu'elle parut aux contemporains le trait saillant de son caractère. Ce nom de *Bénigne* ne pouvait être mieux porté, nous disent de bonnes âmes du temps. Quand Bossuet entra à l'Académie française, l'une des qualités que relève le confrère qui le reçut, c'est « son agréable épanouissement de cœur et de visage ». Et si l'on veut de cette humanité facile, de cette sensibilité même de Bossuet, des preuves de fait, qu'on se rappelle sa touchante intervention, les paroles exquises qu'il prononce au pied du lit d'Henriette d'Angleterre agonisante ; — sa douleur inconsolée, et dont Mme de Sévigné elle-même s'étonne, de la mort de Turenne ; — ses regrets, chrétiens, mais navrés, à la mort d'un frère, « un tout pour moi dans la vie », écrit-il, dont la disparition lui fait un tel vide « qu'à peine il se peut soutenir ». A ces défaillances révélatrices, qu'on joigne ce que nous savons de ses liaisons particulières avec les hommes les plus délicats, les plus affectueux, les plus tendres de cette « société polie » d'alors, où ne surabondait pas la tendresse : le triste et discret La Bruyère, l'aimable Fleury, le suave Mabillon, sans oublier l'abbé de Choisy, ce doux inconscient. — Qu'on lise, encore, certaines œuvres de son âge mûr, singulièrement expansives : ces *Méditations sur l'Evangile*, conversations pieuses, sans apprêt, à peine écrites, où l'on croit l'entendre, et où revient sans cesse une louange pénétrée de la *miséricorde*, de la *pitié*, de l'*affection* dont Jésus a donné le modèle, nous apprenant par son exemple que « les cœurs durs et insensibles ne sont pas ceux qui lui plaisent ». Surtout, qu'on lise les lettres de direction à la sœur Cornuau, à Mmes de la Maisonfort, d'Albert, du Mans, lettres toutes pacifiques et tendres.

Certes, si un tempérament autoritaire et dur a l'occasion de se trahir, c'est bien dans l'exercice de cet empire absolu qu'offrent sur elles, à l'homme qu'elles révèrent et qu'elles admirent, des âmes de femmes prosternées dans un besoin passionné de sujétion. Or, tout au contraire, ce que l'on observe chez Bossuet directeur, c'est d'abord une patience dont la sœur Cornuau, qui l'avait éprouvée, s'émerveille : — il subit avec une douceur toujours souriante, les bavardages de ses « filles » sur leur « état d'âme », leurs scrupules qui naissent les uns des autres, leurs questions puériles, leur doléances monotones sur des « peines » imaginaires, où il soupçonne non sans raison qu'il y a « beaucoup de vapeurs ». Il se contente de les prier timidement d'être plus courtes, d'épargner ses yeux, auxquels « les lettres de petite écriture font d'abord quelque peine »; il s'excuse poliment quand il n'a pas pu répondre de suite; il écoute et encourage « celles qui sont peu éclairées et d'un petit génie avec autant d'application » que les autres. Parlez, leur dit-il; « rien ne me rebute ». — Mais ce qu'il importe plus encore de noter que cette résignation consciencieuse d'un émule de saint François de Sales, c'est l'extrême réserve qu'il apporte dans la direction. Il a le respect des âmes; il estime « qu'*il ne faut pas contraindre* ».

Non pas, bien entendu, qu'il consente à « plier » lui-même : il exige que l'on soit « souple sous la main », qu'on accepte les décisions sollicitées, et surtout qu'on n'aille pas écoutant les avis d'un chacun. Toutefois ce qui ressort de tous ses conseils, c'est qu'il vise à « se rendre inutile ». Il veut « former à Dieu des enfants, non des esclaves ». Il veut « les mettre en état d'avoir moins besoin de lui et d'aller toutes seules ». Voilà un impérieux bien libéral.

Et voici un solennel bien modeste. Déjà nous l'avons dit à propos de son style : dans ses écrits même les plus connus par leur pompe, il y a des coins d'inattendue simplicité. Là encore, les contemporains se trouvent avoir protesté d'avance contre la légende. Noble, « M. de Meaux » l'était assurément où il fallait, mais dans la « conversation », dans le « commerce », il déposait ces draperies dont notre imagination l'affuble à demeure. « Affable, humain, d'accès facile ; rien d'austère, de pédant, de gourmé » : ce sont les termes mêmes de Saint-Simon qui le connut bien, et qui, pourtant, devait toiser les parvenus de l'Église aussi impitoyablement que ceux de l'État. « M. de Meaux souffrait, dit aussi la sœur Cornuau, d'être obligé par sa dignité de garder une espèce de supériorité pour le bien même des personnes afin de les tenir plus dans la soumission et dans l'ordre ; » c'était pour lui « un fardeau pesant ». Son inclination naturelle l'eût porté, ce semble, à l'opposite : à la bonhomie, à la familiarité, au sans-façon. Les échos qui nous sont parvenus, à travers les confidences de son secrétaire, de ses entretiens domestiques montrent qu'il s'exprimait souvent avec un laisser-aller quelque peu trivial.

Faut-il aller jusqu'à croire deux témoins — Saint-Simon encore et l'évêque Nicolas Colbert — qui nous disent qu'il fut « gai »? Je pense qu'il s'agit là d'une gaîté retenue, n'allant pas au delà de l'enjouement et du sourire. Un petit fait, conté par la sœur Cornuau, nous en donne apparemment la note exacte :

Un jour, dit-elle, la pluie survint pendant qu'il se promenait dans un jardin où il y avait assez de monde, prêtres, religieux et autres. Tout le monde se mit à courir pour gagner la maison, et on lui dit en passant : Eh quoi! Monseigneur, vous n'allez pas plus vite? Il répondit avec un air de gravité très sérieux : « Il n'est pas de la gravité d'un prélat de courir ». Et il alla toujours à petits pas. Puis il revint trouver la compagnie avec un air de joie qui était charmant, en disant : « Nous avons été mouillé un peu plus que vous, mais nous ne sommes point si las, car nous n'avons point couru. »

Et ce n'est pas seulement la dignité professionnelle qui devait mettre à sa gaîté une sourdine; c'était aussi la crainte, que Bossuet paraît éprouver au plus haut point, de donner dans la médisance, peut-être parce qu'il s'y sentait quelque talent. Il lui advenait d'oublier cette chrétienne horreur de la moquerie, le jour, par exemple, où, devant la duchesse d'Orléans, il fit un exposé fort divertissant et malin des systèmes de Mme Guyon et des folies quiétistes.

Sa façon de vivre, que le seul récit de son œuvre énorme permet de deviner, reflétait cette simplicité. — Un labeur continu, régulier, calme, et qui réussit à « faire tout ce qui se présente à chaque moment » grâce au retranchement sévère des inutilités de la vie. A la cour, où il fut enchaîné dix ans, sa préoccupation la plus grande est de défendre son temps contre ce monde, qui lui déplairait seulement « à cause de la désoccupation qui y règne et des bienséances qu'on est obligé d'y garder. » Il s'en affranchit le plus qu'il peut. Point de visites. D'austères récréations : à Saint-Germain, ces promenades de l'allée des Philosophes, où les abbés mondains ne devaient pas lui faire cortège; neuf ou dix fois en dix-huit ans, pour voyage de vacances, une retraite à la Trappe. Jurieu était bien mal informé quand il le représentait comme « un de ces évêques de cour dont le métier n'est point d'étudier » et qui « vivent dans les délices ».

A Meaux, même existence. Bossuet est toujours robuste, et il s'en flatte : « Dieu m'a fait la grâce que rien ne m'incommode. Le soleil, le vent, la pluie, tout est bon ». Il mange quand il en a le temps. Il reprend son travail du jour au milieu des nuits, de ces nuits étoilées où la pensée lui est plus facile, la prière plus douce, et qu'il a chantées en poète. Et dans cette dernière période de sa vie, quand il n'a pas près de lui quelqu'un de ces doctes amis dont il profite, ses plaisirs sont ceux d'un curé de campagne. Longtemps auparavant, dès 1661, il avait fait, tout haut, en chaire, ce rêve naïf :

> Quel agréable divertissement [que de] contempler de quelle manière les ouvrages de la nature s'avancent à leur perfection par un accroissement insensible! Combien ne goûte-t-on pas de plaisir à observer le succès des arbres qu'on a entés dans un jardin, l'accroissement des blés, le cours d'une rivière!

Trente ans après, il décrit soigneusement à ses correspondants de Rome le triomphe du printemps dans sa campagne épiscopale de Germigny, les canaux qu'il fait creuser le long de la Marne; il se lamente des pluies qui compromettent la vigne et qui ont détruit pêches et melons.

V

Qu'à cette bénignité foncière et naïveté de goûts ne correspondît pas une certaine candeur et simplicité d'esprit, à prendre même ces mots dans leur sens le moins flatteur, il n'y faut pas contredire.

La mentalité de Bossuet est comme son honnêteté : solide et sincère, mais massive et rectiligne. Une étreinte des idées générales qu'on voudrait moins cordiale ; — un développement des « lieux communs » qu'on souhaiterait moins insistant ; — une complaisance un peu appuyée et un peu lente dans l'affirmation des vérités claires et grosses ; — un accueil trop peu exigeant (nous l'avons déjà noté) des théories contraires également justes peut-être, mais en se contentant de les juxtaposer et sans éprouver le besoin ou prendre la peine de les fondre ; — une tendance exagérée à attribuer une valeur probante aux choses de sentiment, à croire qu'une idée qui soulève l'indignation est forcément une idée fausse, et, par suite, à prendre une belle image ou un mouvement pathétique pour un argument ; — ces quelques travers sont notables surtout, comme il est naturel, soit dans ses derniers traités, composés d'assez mauvaise humeur, d'histoire théologique, soit dans ses écrits de dévotion intime et sur des sujets où il parle, en sécurité, à des religieuses, à des dévots ; soit enfin, comme il était inévitable, dans les discours d'apparat. Ainsi dans cette oraison funèbre, où il se laisse emporter par l'excès oratoire jusqu'à soutenir que la révolution d'Angleterre a été faite par Dieu pour sauver Henriette. J'ajoute que les libres penseurs et les critiques et érudits modernes (Sainte-Beuve ou Rémusat, Schérer ou Renan), avec leur goût pour l'ironie et les exigences de leur curiosité ou de leur dialectique, ou même certains catholiques indulgents à l'indétermination et à la souplesse, ne sont pas seuls à s'être impatientés de ce qu'il y a parfois, dans cette grande raison, de servitude scolastique, trop docile, ou de lyrisme intempérant : les contemporains de Bossuet eux-mêmes s'en avisaient, — depuis le petit abbé de Langeron qui, à propos d'un livre d'exégèse, reprochait malicieusement au prélat d'être « plein de fentes par où le sublime échappait » mal à propos, jusqu'à Leibniz, réclamant de Bossuet, dans la discussion, moins de pétitions de principe dissimulées sous les « nuages » magnifiques, plus de raisonnements « secs et serrés ».

Mais à plus forte raison dans la vie, dans la vie mondaine, les inconvénients intellectuels d'une robustesse morale insuffisamment affinée avaient trop d'occasions de se déceler. A la cour, dans ce domaine des subtilités déliées, des sous-entendus défiants, des complications d'esprit et de conduite, Bossuet fut évidemment dépaysé. Son aventure avec Mme de Montespan et Louis XIV l'y ridiculisa un peu. On sait qu'après avoir réussi à faire éloigner quelque temps la favorite, Bossuet eut le tort, sinon de permettre une entrevue d'elle et du roi, au moins d'autoriser une correspondance qu'il portait lui-même complaisamment de l'un à l'autre, sans soupçonner que cette indulgence gâtait tout. Les malintentionnés ont voulu voir là-dedans, de sa part, une manœuvre louche. Chateaubriand insinue qu'il « parlementa avec l'adultère ». Mmes de Sévigné et de Caylus sont plus dans le vrai quand elles se contentent de s'égayer sur la trop bonne âme de l'évêque précepteur. Un homme fin et avisé ne se fût pas fourvoyé, ni surtout engagé à fond, dans cette affaire.

Ce ne fut pas, d'ailleurs, la seule fois ni qu'on abusa de la crédulité du grand homme ni qu'il manqua de finesse avisée, du sentiment des nuances et des distinctions opportunes. Sa correspondance avec Leibniz pour la réunion des Luthériens d'Allemagne en est une autre preuve, et frappante. Impossible de moins entrer que lui dans ce que le philosophe allemand appelait une « négociation », et qui l'était en effet. Bossuet n'y veut voir qu'une controverse, au bout de laquelle son adversaire vaincu doit se rendre. Quand Leibniz, fort sceptique au fond sur la « conciliation des doctrines », lui parle de faire d'abord *comme si* l'on s'entendait, et d'une sorte de « trêve de Dieu » qui mènerait à la paix perpétuelle; quand il lui insinue que c'est affaire de politique plutôt que de théologie et que tout dépend de la volonté des potentats, — Bossuet ne comprend pas ce que ces expédients peuvent contenir d'utile et d'excusable. Obstiné à son idée qu'il n'y a en tout cela qu'hérétiques et orthodoxes, loyalement et pesamment, avec un bon axiome de théologie controversiste, il met le pied sur cette diplomatie :

Si pour n'être point opiniâtre, il suffisait d'avoir un air modéré, des paroles honnêtes, des sentiments doux, on ne saurait jamais qui est opiniâtre et qui ne l'est pas. Mais afin qu'on puisse connaître cet opiniâtre qui est hérétique et l'éviter, voici sa propriété incommunicable et son manifeste caractère : c'est qu'il s'érige lui-même, dans son propre jugement, un tribunal au-dessus duquel il ne met rien sur terre.

Incontestable réponse, mais peut-être que les Jésuites qui catholicisaient en Chine la morale et les rites de Confucius en auraient su trouver de moins intransigeantes.

De cette insuffisance de souplesse, Bossuet avait du reste conscience. Dans ses sermons, il revient volontiers sur cette idée que l'honnêteté est toujours importune, dépourvue d'entregent, un peu sotte. L'esprit des gens d'esprit inépuisables en ressources, tels que Fénelon, lui faisait peur. Dans ses lettres, il se moque tout le premier de son « enfance ». Ni Mlle de la Vallière ni Mme de Maintenon ne l'en eussent démenti. « Exhortez votre ami, écrivait la première au maréchal de Bellefonds, à avoir le moins de commerce qu'il pourra avec les gens dangereux. Ses intentions seront toujours de la dernière pureté, mais il faudra en avoir autant que lui pour en juger équitablement. »

Il y a là, sans doute, une cause de sa médiocre fortune. Qu'après de si brillants commencements, avec le patronage des Condé, d'Anne d'Autriche, de Louis XIV lui-même, ce prédicateur éminent, ce théologien écouté, ce précepteur du grand Dauphin ait fini simple évêque de Meaux : on ne s'est pas assez étonné de cette étrangeté. Car le siège de Meaux n'était, en somme, que de second ordre : si les revenus étaient grands, les charges l'étaient aussi et l'administration délicate. Le bénéfice abbatial de Saint-Lucien-de-Beauvais faisait sans doute le plus clair des ressources de Bossuet [1]. Aussi, étant inattentif à ses affaires,

1. Il possédait aussi, cependant, l'abbaye du Plessis-Grimoult, près Caen, et le prieuré de Gassicourt-lès-Mantes.

généreux, dépensier, crédule, il se débattit jusqu'à la mort dans les soucis d'argent et laissa des dettes.

S'il n'eut pas la richesse, il n'eut pas non plus l'influence. Quoi qu'on en ait dit il ne paraît pas avoir jamais été bien avant dans la confiance de Louis XIV. Exceptons quelques semaines en 1675, précisément à cette date du renvoi éphémère de Mme de Montespan, où le roi permit à Bossuet d'ouvrir son cœur, de lui faire la leçon, de lui rappeler ses devoirs. Vite, joyeusement, le maître du Dauphin qui, depuis longtemps, gémissait en silence sur la vie scandaleuse du souverain et sur les maux du royaume, profite de cette ouverture pour écrire à son prince trois grandes lettres, moins connues que celle de Fénelon, moins hardies, mais aussi précises, aussi patriotiques. Tout le nécessaire y était, et surtout le plus nécessaire : l'appel à la bonté, à la miséricorde, l'adjuration de ne se point trop faire craindre, de soulager les peuples, gémissant sous la taille, la guerre, les pilleries, les injustices. Et tout heureux des belles intentions du roi, Bossuet ne demandait qu'à continuer d'y répondre avec « fidélité et exactitude ». Mais Mme de Montespan revint, et l'évinça. Il ne semble pas que, depuis, Bossuet ait reconquis Louis XIV au point de redevenir son confident intime. Il ne le fut pas, non plus, de Mme de Maintenon. Nommé (en 1697 seulement), « conseiller d'État ordinaire », il eut à travailler souvent, avec l'archevêque de Reims et l'évêque de Noyon ou l'abbé Bignon, aux affaires ecclésiastiques. Il fut à plusieurs reprises le théologien officiel de la cour. Mais ceci peut nous faire mesurer son crédit, qu'il n'y a pas, je crois, dans les lettres reçues par lui une seule lettre de solliciteur.

Souffrit-il de cette situation secondaire? C'est assez probable. On ressentait beaucoup autour de lui, et il sentait sans doute un peu lui-même, qu'il n'était pas ce qu'il eût dû être dans la hiérarchie de ce régime qu'il soutenait avec tant de dévouement et d'éclat. A la fin du préceptorat, il souhaitait avec moins d'indifférence qu'il ne l'eût voulu — il se le reproche — « quelque changement dans son état ». Il avait été heureux, il l'avoue, de son élection à l'Académie. Mais on ne peut dire qu'il ait eu de l'ambition en acte. On chercherait en vain dans sa vie une « campagne » d'avancement personnel avérée et suivie. Il n'en avait ni le temps, ni le talent. Il ne sollicita qu'à la fin, pour son triste neveu, et alors lourdement, d'une façon qui fit pitié aux courtisans, quémandeurs adroits et élégants dans la bassesse. Pour le soin de ses propres intérêts, il était de ceux qu'un orgueil intime et légitime console. Il lui suffisait que le public parlât de lui pour le cardinalat, sauf à se dire, si la pourpre n'arrivait pas, ce que disait La Bruyère : « Quel besoin a Trophime d'être cardinal? » Son mécontentement, s'il en avait, ne l'empêchait pas, dans les conjectures difficiles, de courir au secours de son métropolitain Noailles, devenu, lui, cardinal par droit de naissance, et de lui souffler sa leçon. Et cela, sans en parler ni en tirer gloire. « Il porte ses vues plus loin — écrit son secrétaire; — il les porte à l'heureux succès des choses mêmes », il travaille « pour la seule gloire de Dieu, sans rien s'attribuer ».

VI

De tous ces traits de caractère, la bonne odeur d'honnêteté qui se dégage nous dispenserait de parler des « mœurs » de Bossuet, sans une légende publiée au XVIIIe siècle par Jurieu et Voltaire, entretenue au XIXe par certains adversaires, à persistante rancune, de la théologie de l'évêque de Meaux. C'est la légende de son « mariage secret » avec une demoiselle de Mauléon. Cette fille était une amie de sa famille, besoigneuse et étourdie, dont il surveillait les intérêts et cautionna, en 1682, un emprunt assez important. Cette imprudente charité lui coûta cher. Pour dégager sa responsabilité financière, il dut engager contre son obligée un procès qui lui survécut, et celle-ci, au lendemain de sa mort, fit ou laissa plaider contre les héritiers du prélat qu'elle était sa veuve[1] ! Que d'ailleurs cette personne se fût insinuée dans son intimité, et eût sur lui, malgré les embarras qu'elle lui causait, une certaine influence, il ne s'en cachait pas[2]. C'est ainsi encore que, dans les derniers temps de sa vie, une autre « gouvernante » faisait la loi chez lui : Mme Bossuet, sa nièce, mondaine fort légère, qui, en plein carême, festoyait ses amis et ceux de son cousin l'abbé, dans l'antichambre de l'appartement où son oncle agonisait. Mais ce que furent,

1. On a prétendu alors que le contrat de ce mariage existait, et on a prétendu naguère qu'il existe toujours. Le cardinal de Bausset et Floquet (*Études*, t. I) ont supposé à tort (voir l'abbé Urbain. *Le prétendu mariage de Bossuet*) que ce contrat était le contrat de « garantie ». Il est possible, au contraire, qu'on ait vu le nom de Bossuet sur un contrat de mariage secret : celui de son cousin germain, Jacques Bossuet, qui avait contracté une union clandestine, plus tard déclarée valide.

2. Voir le *Journal* de l'abbé Le Dieu.

dans la vie privée de Bossuet, ces condescendances mal placées, on le voit. Avec son incapacité et son insouciance en économie domestique, il était de ces grands hommes faits pour tomber sous la domination des petites gens, parce qu'ils ne répugnent pas à une servitude qui les décharge des besognes mesquines. Avec sa bonté, il a l'indulgence aveugle ou patiente d'un esprit distrait à de plus hauts objets. Avec sa candeur, il a la confiance téméraire et facile d'un cœur noble qui n'entend pas malice aux choses. Mais ses admirateurs n'ont pas à craindre, ni ses détracteurs à espérer que sa biographie, rigoureusement fouillée, révèle, un jour, je ne dis pas une « Priscille », je dis seulement une Mme Guyon, et j'entends par là quelque inspiratrice impérieuse comme celle que Fénelon, avec tout son « esprit », accepta. La correspondance de Bossuet directeur écarte de lui le soupçon d'abdication sentimentale ou seulement de coquetterie dévote, encouru parfois par ces grands maîtres « spirituels » qui gouvernèrent des femmes, mais à qui il est advenu d'être dominé par leurs sujettes. Non pas peut-être que, comme saint François de Sales, comme Lacordaire, Bossuet n'ait inspiré de l'affection à ses dirigées, — affection que celles-ci, toujours femmes, toutes saintes femmes qu'elles fussent, trouvaient moyen de lui faire entendre. — Mais voyez comme il répond, là-dessus, aux scrupules de Mme d'Albert :

A la vérité, je ne voudrais pas exciter ces tendresses de cœur directement, mais quand elles viennent ou par elles-mêmes, ou à la suite d'autres dispositions qu'il est bon d'entretenir et d'exciter (comme la confiance et l'obéissance et les autres de cette nature qui sont nécessaires pour demeurer ferme et avec un chaste agrément sous une bonne conduite), il ne faut nullement s'en émouvoir, ni s'efforcer à les combattre ou à les éteindre, mais les laisser s'écouler et revenir comme elles voudront.

Une parfaite simplicité, ici encore, et toute sereine, pleine de bonhomie. Rien de nerveux, rien de romanesque. C'est qu'il possédait dans la vie du cœur comme dans celle de l'esprit, la paix d'une intelligence docile, qui, de bonne heure et de bon gré, s'était fixée, qui avait fait son choix et s'y tenait. Passionné, il l'était sans doute, mais sa passion allait ailleurs. Depuis trop longtemps, il avait ressenti la saveur des choses spirituelles, toute son activité extérieure était trop continuellement dépendante des pensées d'en haut pour que le goût subsistât en lui de ces attaches humaines dont il savait la « pauvreté ».

Donc toujours nous en revenons à ce mysticisme de Bossuet où j'ai déjà insisté plus d'une fois au cours de cette étude. C'est qu'en effet, quand on vit avec lui, on retrouve, à tous les tournants de la route, cette piété chrétienne, qui, disait-il lui-même, ne doit pas être « une vaine spéculation, mais la règle suprême de notre vie ». Et si sa nature, physique et morale, nous aide à concevoir la facilité avec laquelle sa haute raison accepta le joug mystique, inversement sa spiritualité fervente éclaire sa vie privée autant que sa théologie.

C'est pourquoi aux lecteurs qui veulent sous les écrits découvrir l'homme, et dans l'homme pénétrer jusqu'aux derniers ressorts, je conseillerais volontiers de lire d'abord, en guise d'introduction aux grandes œuvres classiques de Bossuet, les petits écrits moins connus : les *Méditations sur l'Évangile* et les *Élévations sur les mystères*, quelques aridités et longueurs qu'elles présentent, les *Lettres à une demoiselle de Metz*, les *Sentiments du chrétien sur la vie et la mort*, le *Discours sur la vie cachée en Dieu*, tous écrits de huis-clos, destinés seulement à des religieuses ou à des amis dont Bossuet était sûr et devant lesquels il se montrait sans pudeur dans le plus particulier de lui-même, « dans cet endroit », comme il dit, « le plus retiré de l'être, où se tient le conseil du cœur ». Là, dans ces pages confidentielles, on apprécie quel foyer embrasé de pieuse tendresse ce docteur, majestueux et militant, portait en lui :

> Oh! Dieu! que le temps est incommode! qu'il est pesant! qu'il est assommant! O Dieu éternel, tirez-moi du temps! En attendant, aimons! aimons! aimons! Faisons sans fin dans le temps, ce que nous ferons sans fin dans l'éternité! [*Mais*] ah! gêne et enfer de l'amour, d'être contraint de s'expliquer par autre chose que par son propre transport....

Et alors, ce sont des exclamations heurtées, qui rappellent le *Mystère de Jésus* de Pascal, des cris d'amour informes que ce maître de l'éloquence jette sur le papier, sans crainte de paraître ridicule en ces « bégaiements ».

Mais je dirai plus. Si j'étais sûr de m'adresser à un lecteur capable de déposer un instant l'ironie critique, d'entrer avec respect dans une âme naïve, je l'engagerais à lire encore ces odes sacrées, — traduction du *Cantique des cantiques*, paraphrases de *Psaumes*, — que Bossuet composait secrètement, qu'il ne laissait voir qu'à quelques amis sur leurs instances, et que ses premiers éditeurs crurent indignes de figurer dans ses œuvres. Et assurément les poésies sacrées de Bossuet ne valent pas même celles de Lefranc de Pompignan. Le lyrisme en est pâle et pénible, et les strophes les moins mauvaises sont celles où l'auteur confesse son insuffisance :

Ma voix dans un cantique ose se déployer,
[Mais quand] pour l'entonner ma langue se dénoue,
Je sens sortir un chant que mon cœur désavoue
Et ma tremblante voix ne fait que bégayer.

Mais ce qu'on aperçoit d'autant plus, dans ce combat d'un ouvrier malhabile contre une forme inaccoutumée, c'est la force de l'émotion qui veut jaillir, c'est la richesse de l'enthousiasme intime, c'est la réalité indéniable de cet abandon sans réserve au Dieu adoré, de ce sacrifice joyeux de la raison à l'amour, dont ses doctrines nous ont si souvent offert l'expression.

Sans doute il faudrait s'excuser de ce qu'à la fin d'une vie d'un des plus accomplis de nos prosateurs, ce soit sur des vers médiocres et sur des écrits d'une mince valeur littéraire qu'on attire l'attention. Pourtant il est vrai que ces productions inutiles à la gloire de Bossuet, mais sorties du plus profond de sa sincérité, font excellemment comprendre son histoire intellectuelle avec ses lacunes, ses reculs et ses étroitesses comme avec ses clairvoyances, ses solidités et ses grandeurs. Pour juger justement Bossuet, il importe de toujours voir, derrière le génie de l'homme, l'âme du prêtre qui l'excite, et qui le contient.

TABLE DES MATIÈRES

CHAPITRE I

La formation religieuse de Bossuet et son christianisme. 5

CHAPITRE II

L'orateur.. 23

CHAPITRE III

La morale dans la prédication de Bossuet............. 35

CHAPITRE IV

Du succès de Bossuet prédicateur. — La controverse avec les protestants.............................. 56

CHAPITRE V

L'instruction du Dauphin. — Renouveau de la culture classique de Bossuet.............................. 72

CHAPITRE VI

Les influences profanes dans les ouvrages de philosophie et de politique de Bossuet...................... 86

CHAPITRE VII

Bossuet historien. — Bossuet écrivain................. 101

CHAPITRE VIII

Rupture avec l'exégèse et la philosophie. — La querelle gallicane.. 124

CHAPITRE IX

Luttes contre Jurieu, Caffaro, Fénelon................ 143

CHAPITRE X

Dernières polémiques (1699-1704) : Leibniz, Richard Simon, les Casuistes. — L'homme : sa vie privée, sa nature intellectuelle et morale...................... 176

1165-12. — Coulommiers. Imp. PAUL BRODARD. — P3-12.

www.ingramcontent.com/pod-product-compliance
Ingram Content Group UK Ltd.
Pitfield, Milton Keynes, MK11 3LW, UK
UKHW022058260726
13993UKWH00001B/191